AF451307

ANTE EL SILENCIO
Y LA OSCURIDAD

CARMEN ORELLANA

ANTE EL SILENCIO
Y LA OSCURIDAD

EXLIBRIC

ANTEQUERA 2020

CARMEN ORELLANA

ANTE EL SILENCIO
Y LA OSCURIDAD

Para Miguel, Laura y Hugo
*«Es importante saber de dónde venimos;
puede ayudarnos a encontrar nuestro camino».*

Sobre la autora

Carmen Orellana (Barcelona, 1948), nieta del protagonista de esta biografía, aficionada a la poesía, pertenece al Aula Poética de Cuenca y ha escrito algún ensayo y poesías, pero esta se trata de su primera publicación.

Su gran afición es la pintura y a ella se ha dedicado intensamente durante los últimos veinte años. Es una lectora incansable con una enorme curiosidad por temas relativos a la mujer y la historia, así como mitos, símbolos y arquetipos.

La vida de su familia, principalmente la de su abuelo, a quien conoció en Bruselas en 1960, le pareció digna de ser contada. Este libro es un homenaje a aquellos que lucharon por mejorar la educación y la cultura en España. Podríamos decir que se trata de un relato que pertenece a la memoria histórica, pero a la vez es una narración llena de avatares, intensa en su contenido.

Carmen se siente muy feliz por haberse decidido a contarla. No descarta publicar en un futuro alguno de sus ensayos relacionados con la mujer y la religión a través de la historia.

Prólogo

Una tarde del verano de 2018, a la salida de una exposición, tomando café con una amiga, empezamos a hablar de un ensayo que había escrito sobre la religión y las mujeres y, sin saber cómo, comencé a hablarle de mi familia paterna. Ella se iba entusiasmando con mi historia y nos encontramos charlando animadamente durante un tiempo, hasta que me invitó a que escribiera todo lo que le estaba contando. Al día siguiente mi hija Laura me dijo que ella también lo había pensado y que era algo que quería comentarme.

En el plazo de veinticuatro horas dos personas me estaban haciendo la misma proposición: que contara algo que se encontraba escondido en el almacén de mis recuerdos. Como suelo escuchar los mensajes de la vida, a principios de septiembre empecé a recopilar documentos y fotos, tratando de poner en orden mis archivos mentales.

La historia que sigue hace un recorrido por una serie de hechos que tuvieron una gran relevancia en España y en Europa, por no decir en el mundo entero. Mi abuelo, don Jacobo Orellana Garrido, es el protagonista. Vivió tres guerras en directo y otras, como la de Marruecos y la de Cuba, en la distancia. Toda la familia fue testigo de la peor pandemia de gripe conocida hasta ahora y de las turbulencias de una República a la que no se le permitió crecer. Como colofón, la guerra civil española.

Cuando alguien se arriesga a cometer la osadía de escribir sin ser un profesional, podría quedarse contemplando su ordenador con la página en blanco y no saber por dónde empezar. Pero esta historia ya estaba escrita. Se había iniciado en agosto de 1960, fecha en la que emprendí, junto con mi padre, un viaje a Bruselas y París. El objetivo del viaje era conocer a mi tío Daniel en París y a mi abuelo y mi tío Leandro en Bruselas. A la esposa de Leandro, Evelyn, y a Diego, mi primo, ya les conocía porque algunos veranos llegaban a Barcelona para embarcar hacia Mallorca, donde pasaban un mes de vacaciones acompañados por los padres de ella.

Era una familia rota por la guerra de España. Sus miembros se separaron en 1938 y mi padre no les había vuelto a ver. Llegamos a Bruselas y, por fin, conocí al abuelo Jacobo.

Nació en Antequera (Málaga) el día 8 de mayo de 1871. En aquellos momentos tenía, por lo tanto, 89 años. Poseía una mente muy lúcida, una memoria sorprendente y una salud que le permitió vivir diez años más.

La casa de mis tíos se encontraba en la rue Servais Kinet, ubicada en una zona que por aquel entonces se consideraba residencial, formada por viviendas unifamiliares con jardines en la parte posterior. Mi tío Leandro trabajaba en una compañía de seguros; el horario de oficina era de ocho a cinco, con un tiempo para comer. A las cinco y media llegaba y muchos días aprovechábamos para hacer algo de turismo. Los fines de semana realizábamos las excursiones importantes.

Hacía cuatro años mi hermana Feli había emprendido el mismo viaje. En aquella ocasión ella iba acompañada por mi tío Jacobo, hermano mayor de mi padre. El motivo de hacer el viaje separados era nuestra modesta posición económica. Ello era debido a la guerra y a las condiciones laborales en las que quedó mi padre como represalia por su condición de republicano.

Quedé impactada con la figura del abuelo. Me habían asignado el dormitorio de mi primo Diego, que era contiguo al de él —ambos situados en la planta baja—, lo que nos permitía tener largas conversaciones. Le veo en aquella habitación, sentado ante una hermosa mesa de despacho al lado de un gran ventanal que daba al jardín. Encima, su máquina de escribir Underwood portátil, que le había acompañado desde España. Un nuevo mundo se me abría, de la mano del abuelo. Y su tremenda personalidad, produjo una profunda huella en mí. Una impresión definitiva, para toda la vida. Allí, bajo ese ventanal, me enseñó su alianza de bodas con Carmen, mi abuela, y me dijo que el día que muriera sería para mí. Precisamente, en ella llevaba grabada la fecha de su matrimonio. Mi abuelo era una persona que se había implicado plenamente en la renovación pedagógica de España y en los aconteceres políticos con un único interés: su compromiso con la vida y con los tiempos en los que le había tocado pasar por ella.

El lector podrá comprobar que detrás de la historia de mi abuelo, lo que hay, es una gran motivación: la de colaborar en el desarrollo intelectual y la modernización de España. Todo desde la generosidad como principio y el tremendo respeto por la cultura casi como obsesión. También es una historia de amor. El profundo amor que profesaba el abuelo a los niños sordomudos y ciegos, le hizo dedicar toda su vida a investigar y desarrollar sistemas para poder hacerles crecer y desenvolverse como seres de pleno derecho.

Por las tardes Leandro tenía una ocupación extra en su domicilio, la de traductor jurado. Él dictaba a Evelyn las traducciones, ella tomaba nota en taquigrafía y al día siguiente las escribía a máquina. Evelyn dominaba el español perfectamente. Eso les permitía poder acabar de pagar aquella bonita casa.

En la misma *rue* Servais Kinet vivían los abuelos maternos de Diego, La Bobon y Guy Fontaine. Él era padrastro de Evelyn, un hombre afable dieciocho años más joven que su esposa. Gozaban de una buena posición económica debido a que él había patentado una microcámara de fotografiar ideal para el espionaje y los servicios secretos. Tenía cámaras de todas las épocas y a Leandro le transmitió su interés por la fotografía. Nos invitaron a comer y cenar en su casa. Recuerdo que le encantaba el buen vino. Cuando llegaron mis tíos a Bruselas en 1938, los Fontaine les acogieron en su hogar, ayudándoles a iniciar una nueva vida, que rápidamente se tornaría muy dura debido a la Segunda Guerra Mundial.

En París tuve la oportunidad de conocer a mi tío Daniel y disfrutar de una semana de turismo inolvidable, en la que la personalidad afable y cariñosa de mi padre y mi tío hacía que todo me pareciera encantador.

Resultó ser un viaje alegre y lleno de experiencias maravillosas para mí. Nadie sabía que a los pocos meses mi tío Leandro moriría, víctima de un accidente de tráfico cuando regresaba una noche, ya de madrugada, de ver a una amiga en su DKW SEDAN. Era el mismo coche en el que habíamos realizado excursiones fantásticas. El dolor de mi padre por la pérdida de su hermano menor le sumió en un silencio que duró meses. El cabello, hasta entonces de un negro intenso, empezó a blanquear. Era muy triste verle en aquel estado, sumergido en su duelo.

Durante el verano de 1961, el abuelo llegó a nuestro modesto piso del Poble Sec, en Barcelona. Mi tía Evelyn tenía que reestructurar la casa para poder alquilar la planta baja y ponerse a trabajar.

El abuelo tuvo que solicitar el perdón para poder regresar. Mantenía correspondencia desde hacía algún tiempo con Joaquín Ruiz-Jiménez hijo, que parecía representar una cara moderna y renovadora en el Gobierno de Franco. Fue nombrado ministro de Educación Nacional en 1951. El abuelo había conocido a su padre, Joaquín Ruiz-Jiménez, que fue ministro liberal en el Gobierno del conde de Romanones y alcalde de Madrid en cuatro ocasiones. Él seguía atentamente los pasos de cuanto acontecía en España, sobre todo en lo referente a la educación, y sabía que este ministro tenía ideas innovadoras.

Joaquín Ruiz-Jiménez medió para que se le otorgara una pensión en 1956 y más adelante le puso en contacto con Fraga Iribarne, ministro de Educación, Turismo y Cultura. Asimismo, en

1961 le instruyó en los pasos que tenía que seguir para solicitar dicho perdón. Se le concedió el regreso a España. No consideraron que el juicio en el que se le había condenado a veinte años y un día de cárcel era improcedente. Se le otorgó porque en aquellos momentos ya contaba noventa años de edad.

Al poco tiempo de su regreso, Fraga Iribarne se encargó de organizarle un homenaje de bienvenida en el Club Náutico de Barcelona. Allí se le entregó un diploma de honor de la Federación Española de Sordomudos de Madrid. Al parecer, desde su ministerio ya se le veía, no como un convicto, sino como una persona que merecía reconocimiento y honores.

Mi padre se vio obligado a acompañarle al homenaje. Lo hizo muy contrariado —él era un hombre muy firme en sus convicciones—, pues no podía soportar participar en un acto organizado por un ministro de Franco. La edad había cambiado a Jacobo; cuando era más joven tampoco hubiera aceptado esos honores. Al mismo tiempo se le reconoció al abuelo el derecho a una revisión de su pensión. Ahí comenzó mi relación intensa con él. En el transcurso de un año, poco a poco me fue narrando la historia de su vida.

ORDEN de 4 de febrero de 1956 por la que se jubila al Profesor del Colegio Nacional de Sordomudos, don Jacobo Orellana Garrido, por haber cumplido la edad reglamentaria.

Ilmo. Sr.: Visto el escrito de don Jacobo Orellana Garrido, Profesor que fue del Colegio Nacional de Sordomudos, depurado favorablemente, en trámite de revisión, por Orden ministerial de 6 de diciembre último, en el que solicita la jubilación forzosa por razón de edad.

Teniendo en cuenta lo preceptuado en los artículos 49 del Estatuto de Clases Pasivas del Estado, de 22 de octubre de 1926, y primero de la Ley de 24 de julio da 1941, este Ministerio ha acordado declarar jubilado al referido profesor con efectos desde el día 30 de mayo de 1941, fecha en que cumplió la edad reglamentaria. Lo digo a V. I. para su conocimiento y efectos.

Dios guarde a V. I. muchos años.

Madrid, 4 de febrero de 1956.

RUIZ-GIMÉNEZ

Ilmo. Sr. Director general de Enseñanza Primaria

BOE del 23 de febrero de 1956, en el que aparece recogida la jubilación otorgada por Joaquín Ruiz-Jiménez al abuelo

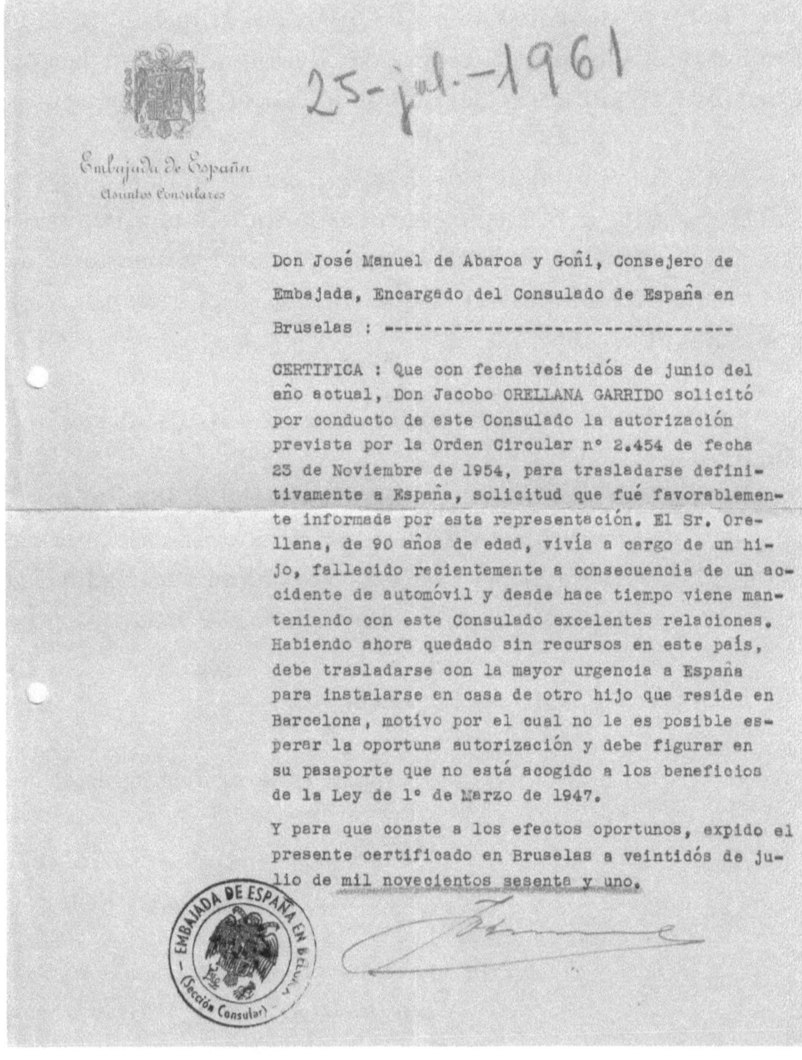

25 - jul. - 1961

Embajada de España
Asuntos Consulares

Don José Manuel de Abaroa y Goñi, Consejero de
Embajada, Encargado del Consulado de España en
Bruselas : -------------------------------------

CERTIFICA : Que con fecha veintidós de junio del
año actual, Don Jacobo ORELLANA GARRIDO solicitó
por conducto de este Consulado la autorización
prevista por la Orden Circular nº 2.454 de fecha
23 de Noviembre de 1954, para trasladarse definitivamente a España, solicitud que fué favorablemente informada por esta representación. El Sr. Orellana, de 90 años de edad, vivía a cargo de un hijo, fallecido recientemente a consecuencia de un accidente de automóvil y desde hace tiempo viene manteniendo con este Consulado excelentes relaciones.
Habiendo ahora quedado sin recursos en este país,
debe trasladarse con la mayor urgencia a España
para instalarse en casa de otro hijo que reside en
Barcelona, motivo por el cual no le es posible es-
perar la oportuna autorización y debe figurar en
su pasaporte que no está acogido a los beneficios
de la Ley de 1º de Marzo de 1947.

Y para que conste a los efectos oportunos, expido el
presente certificado en Bruselas a veintidós de julio de mil novecientos sesenta y uno.

Carta del Consulado de España en Bruselas autorizando la
entrada de Jacobo Orellana Garrido a España

Ante el silencio
y la oscuridad

Los recuerdos de su infancia transcurren en un hogar lleno de la luz esplendorosa de la bonita ciudad donde nació, Antequera. Su casa, blanca inmaculada, con un patio interior donde el murmullo de una fuente acompañaba sus juegos con sus hermanos.

Su padre, don Jacobo Orellana Espejo, maestro y pedagogo, era un hombre serio y muy recto. La disciplina era constante en su forma de educar. Su madre, María Dolores, era una mujer dulce y alegre, que colaboraba para que su casa fuera un hogar luminoso y feliz. Mi abuelo recordaba a su padre con respeto y admiración y a su madre con un enorme cariño.

Allí, en Antequera, corría muchas veces a jugar cerca de los dólmenes del neolítico. Para él eran monumentos rodeados de silencio y majestuosidad, que lo transportaban a un mundo desconocido, invitándolo a soñar.

Antequera-Alameda
(1880-1887)

«Siempre me gustaba ir junto a aquellas moles y sumergirme en su silencio. Me sentía como si alguien me elevara y me sugiriera historias donde mi imaginación me hacía ver a seres legendarios y misteriosos que en el altar realizaran ceremonias y sacrificios. Otras veces pensaba que eran gigantes capaces de mover aquellas enormes moles sin apenas esfuerzo. Iba con mis hermanos y amigos a jugar, pero siempre intentaba quedarme solo. Sentía en mí la vida de aquellas piedras».

Pero lo que de verdad marcó su infancia y adolescencia fueron las vacaciones en el cortijo de sus abuelos, en Alameda, a treinta kilómetros de Antequera. Las esperaba anhelante. Cuando acababan sus clases se desplazaban hasta allí él y sus hermanos. Iban acompañados de su madre en un coche de caballos conducido por su abuelo, que iba a recogerlos. Su abuela, llamada también María Dolores, era pequeña y enjuta, de carácter muy alegre y una fuerte personalidad.

«Eran días de libertad. Solo había que pensar en jugar y experimentar en directo las labores del campo, que siempre me parecían de un enorme interés. Acompañaba al abuelo en sus tareas y me enseñaba con cariño y paciencia todo aquello que hacía que el milagro de la siembra se convirtiera en cosecha, que en el establo de las cabras naciera un hermoso cabritillo, que las mulas fueran lo más testarudo del mundo… A la hora

de comer me metía en la cocina y allí la abuela, que siempre andaba canturreando, me contaba historias de bandoleros. Yo le pedía que me contara la historia de José María el Tempranillo, de cómo llegó una noche herido a su cortijo cuando ellos estaban recién casados. Iba acompañado de otros bandoleros; llamaron a la puerta casi de madrugada. Había una relación extraña de respeto y miedo. Aquel bandolero tenía una historia en la que se le relacionaba con la lucha al lado de los liberales y con la protección a los más humildes y desamparados. Le dejaron al cargo de la abuela, que fue quien lo cuidó hasta que pudo valerse. En ese momento vinieron sus hombres a recogerle, también de madrugada. Tenía un cortijo en Alameda, pero no podía acudir allí porque era el primer sitio donde le buscaban. No fueron la autoridad ni los militares los que acabaron con él. El rey Fernando VII concedió el indulto a todos aquellos que quisieran servir a la ley y ser libres, liquidando a todos los bandoleros que no se unieran a la propuesta. El Tempranillo habló con sus hombres, diciéndoles que si le seguían serían libres, pero que si no le seguían los buscaría y los llevaría al cadalso. Juan Caballero, el Venitas y el de la Torre se le unieron, pero el Veneno dijo que lo buscaran, que nunca dejaría de ser lo que era. Así empezó una lucha entre bandoleros bien urdida por el rey. En diciembre de ese año cayó el Veneno, siendo ajusticiado.

En plena lucha entre ellos, el día 23 de septiembre el Tempranillo, cerca de su hacienda en Alameda, se topó con una emboscada de un antiguo compañero, el Barberillo, quien le disparó mortalmente, poniendo fin a su vida con veintiocho años. Yo le hacía contar a la abuela siempre la misma historia. Me imaginaba a los bandoleros a caballo y los convertía en mis pensamientos en hombres gallardos e imponentes. Por la noche, cuando me iba a la cama, inventaba historias en las que los protagonistas eran los bandoleros de la serranía».

Actualmente en Alameda hacen una recreación todos los años de la vida y muerte del bandolero. Asimismo, hay un instituto que lleva el nombre del abuelo.

«Cuando anochecía intentaba escaparme a las afueras. Allí tenían el campamento los gitanos. Algunos ayudaban en las labores del cortijo y me conocían. Encendían las hogueras en el centro de los carromatos. Contaban historias: rencillas, celos, luchas por una mujer, agravios y muerte, siempre a navajazos. Pero también cantaban y bailaban.

Vivía intensamente aquellas noches, de las que muchas veces tenían que rescatarme y recibía las consabidas reprimendas. Era mágico el ambiente del fuego, de sus figuras, que reflejaban las sombras en el suelo y que parecían salidas de un teatro misterioso. Aquellas noches estrelladas, las hogueras, el cante jondo que cortaba el silencio con sus gemidos, casi llantos, llenaban mi corazón de sentimientos y emoción. Esas vivencias iban a acompañarme toda mi vida.

Eran diferentes y me gustaban; tenían algo que ver con lo que yo intuía. Era el lado primitivo del ser humano. Según ellos, procedían del Lejano Oriente y me los imaginaba en sus carromatos viajando y cruzando el mundo hasta llegar allí. Alguna vez, cuando ya era un muchacho, intervine para separar a algunos en sus reyertas. No tenía miedo de ser herido. Siempre había navajas de por medio, pero yo sabía que me querían y que harían todo lo posible por no herirme.

Cuando contaba dieciséis años de edad me dejó cautivado una gitanilla. Creo que tenía catorce. Era menuda, pero bailaba todas las noches con sus hermanas, al aire su melena negra y su falda, que hacía subir y bajar al compás. Se movía con gracia y duende. Yo no podía apartar mis ojos de ella. Se llamaba Remedios; era digna de la mano de un pintor como Julio Romero. Al año siguiente, cuando fui corriendo a ver a los gitanos, la habían casado. ¡Con quince años! A partir de ese momento dejé de frecuentar el campamento. Luego ya me trasladé a Granada a estudiar y atrás quedaron en mi memoria Remedios, el brillo de sus ojos, el campamento gitano, mis noches estrelladas y la fascinación por el cante jondo. Todo estaba dentro de mí y nunca lo iba a olvidar. Siempre que lo recordaba me producía un sentimiento profundo de nostalgia».

Granada, estudios y matrimonio
(1890-1899)

Mi abuelo estudió Magisterio y obtuvo una plaza como maestro en Granada. Él quería ampliar sus conocimientos, para lo cual era necesario sacarse el título de bachiller. Sin embargo, su familia no le apoyó en su deseo, posiblemente por problemas económicos.

Comenzó a estudiar francés porque tenía un gran interés en leer libros sobre la educación de sordomudos que se estaban editando en esa lengua. Y allí, en Granada, iba transcurriendo su juventud, dedicando siempre muchas horas al estudio y a la investigación.

«Sentía un gran interés por la Psicología, pero en aquellos momentos era una asignatura que formaba parte de la carrera de Filosofía y Letras y no se daba en todas las universidades. Por ese motivo comencé a estudiar primero francés y más adelante inglés e italiano. Había libros que no estaban editados en la lengua castellana y yo los localizaba en revistas francesas sobre todo. Los encargaba a través de la Sorbona, en París, universidad con la que empecé a mantener correspondencia.

La Pedagogía se podía estudiar en Granada. Se trataba de un curso que llevaba, como término medio, un año en sacarse. Mi ansia por estudiar no me impedía dedicar los domingos a descansar y alternar con compa-

ñeros; me gustaba acudir al casino de Granada, donde se encontraban las chicas más atractivas de la sociedad de aquellos tiempos. Me encantaba el juego de la seducción. Yo tenía veintisiete años y la verdad es que no me había planteado ninguna relación seria hasta que un día ocurrió algo que cambió mi vida.

Un domingo por la tarde, cerca de mí, sentada, jugando con su abanico, vi a una muchacha morena que me llamó la atención. Su cabello era de un negro intenso, recogido en un moño, con unos tirabuzones que le daban un aspecto encantador. Le solicité un baile temiendo que me lo negara, pero aceptó… y bailando, bailando, pisé el dobladillo de su falda, que se descosió. Lo que podía haber acabado en un desastre se convirtió en un feliz suceso. "Señorita, no me puedo perdonar semejante desatino. ¿Cómo puedo compensarla? Permítame que me presente: soy Jacobo Orellana y me pongo a sus pies de ahora en adelante. Sería el hombre más afortunado si usted aceptara que la acompañara a su casa en un coche de punto. No puedo consentir que vaya usted andando con su dobladillo descosido".

Así es como conocí a Carmen, tu abuela. En realidad, se llamaba Leandra Carmen, pero ella odiaba su primer nombre y solo lo utilizaba en los documentos oficiales. Carmen era culta, elegante, tenía unos bonitos ojos negros y rápidamente nos enamoramos. Había nacido en Madrid y estudiado Magisterio en la misma ciudad. Más adelante consiguió plaza como maestra en Granada.

Me di cuenta de que algo especial estaba sucediendo. No podía dejar de pensar en ella y contaba las horas para volver a verla. Paseábamos cogidos del brazo, recorríamos los jardines de la Alhambra y tomábamos *limonadas en los salones de té. A ella le encantaba que le hablara; me decía que le atraían mi simpatía y mi sentido del humor.*

El primer apellido de Carmen, como ya sabes, era Moreno. Su familia procedía de Toledo y era de origen judío».

En un viaje que realicé a Estambul con mi esposo, Antonio, la guía era una judía sefardí y nos comentó que en Grecia y Turquía, en las colonias sefardíes, había bastantes personas con ese apellido.

«Tenía veintiséis años cuando nos conocimos, una edad en la que la mujer de aquella época ya se consideraba muy madura para contraer matrimonio. Nos casamos el 25 de marzo de 1898 en la iglesia del Salvador de Granada, con solo dos testigos que pasaban por la calle. No se lo notificamos a la familia. Era una mañana muy bonita, en la que la primavera ya empezaba a hacerse sentir. Aquel día fue realmente uno de los más importantes de mi vida. Carmen, tu abuela, iba a cambiar mi existencia. Además de ser una mujer moderna e inteligente, fue una compañera que siempre me apoyó en todos mis proyectos. Yo siempre he sentido un enorme cariño y admiración por ella».

Más tarde me enteré de que la abuela estaba embarazada de su primer hijo, Jacobo, que nació en Granada el 3 de julio de 1898. Me imagino el impacto que supuso ese embarazo en aquella época, en la que su respetabilidad como maestra estaba en juego y, por añadidura, en una ciudad en la que se encontraba totalmente sola.

«Ese año pasó a la historia por la pérdida de Cuba. En el Tratado de París de 1898 España cedió Puerto Rico, Guam y Filipinas a Estados Unidos, mientras que concedía la independencia a Cuba. La necesidad de obtener capital para mitigar aquel severo revés económico obligó a intentar reponer las arcas del Estado con la venta adicional a Alemania de las islas Palaos, Carolinas y Marianas. Esta guerra costó a España 55.000 vidas. Los periódicos no relataban la gravedad de la situación, pero la preocupación de los españoles era muy grande.

Debido a todo lo que estaba aconteciendo, hubo un resurgimiento intelectual muy crítico y apareció la famosa generación del 98. Yo no sabía que más adelante iba a conocer a muchos de los intelectuales que la integraban, como Miguel de Unamuno y Antonio Machado.

Nació tu tío Jacobo y Carmen siguió trabajando. Su primer gesto de compañera abnegada fue el de insistir en que yo dejara mi trabajo y me dedicara a estudiar para sacarme el título de bachiller, que tanto anhelaba. Obtuve mi diploma de bachiller el 6 de julio de 1899, justo un año después del nacimiento de tu tío».

Viaje a Estocolmo (1921)

Yo salía del colegio a las doce y regresaba a las tres, después de comer. Estaba muy próximo a mi casa. Desde que había llegado el abuelo —¡una novedad tan importante en la familia!— no me entretenía con las amigas. Estaba deseando verle para que me contara sus historias. Siempre había algo que despertaba en mí un enorme interés. Me hablaba de un mundo desconocido.

Allí se encontraba, fiel a la cita, escribiendo en su máquina Underwood o leyendo. Ya no tenía mesa de despacho ni ventanal con vistas al jardín. Compartíamos la mesa del comedor. Yo hacía mis deberes a su lado.

«¿Sabes que un día estuve a punto de ahogarme en el mar Báltico? Estaba en Dinamarca y tenía que coger el transbordador que me iba a llevar a Suecia. En Suecia tenía una entrevista con un mecenas. Era un sueco que contaba con una fortuna considerable. Ayudaba anualmente con sumas muy importantes a proyectos de desarrollo en la Escuela de Sordomudos. Lo había conocido a través de revistas dedicadas a proyectos educativos. Asimismo, en Holanda tenía otro mecenas, con el que he mantenido una gran amistad hasta su muerte, acontecida hace dos años. Precisamente, cuando vino tu hermana a Bruselas acababa de regresar yo de un viaje a Holanda; había ido a visitarlo y, tristemente, fue la última vez que le vi.

Pero volvamos al transbordador. Cuando este empezaba a separarse del muelle lancé la maleta y detrás fui yo. Al saltar resbalé y quedé colgado del borde. Rápidamente dos enormes brazos escandinavos me alzaron con fuerza. ¡Creí morir! No sé nadar y el mar creo que estaba a una temperatura heladora, ya que era el mes de abril y hacía todavía un frío considerable. Por un momento pensé que allí acababa mi vida. Fueron instantes intensos. Es una gran suerte que los vikingos sean una raza de envergadura.

Yo me comunicaba con todo el mundo en francés. En aquella época la Europa culta hablaba en esa lengua; de hecho, en Rusia, antes de la revolución, era el idioma de los aristócratas e intelectuales. El ruso solo lo hablaban los campesinos y siervos.

Para mí era muy importante conseguir ayuda económica para el Colegio de Sordomudos. En aquellos momentos empezábamos a colaborar con la Institución Libre de Enseñanza, que asimismo nos ayudaba. Te hablaré muy pronto de la Institución. ¿Sabes que conocí a Giner de los Ríos? Fue su fundador. Aquí tengo todos mis documentos, cartas y diplomas. Una vida entera llena de recuerdos…».

Burgos (1900)
Barcelona (1902-1904)

La abuela tenía mucho sentido artístico; dibujaba de maravilla y después reproducía sus dibujos en bordados. Mi hermana y yo tenemos bordados en seda natural, hechos con hilos de seda importados de China, de una finura extraordinaria.

«Estuvimos viviendo en Granada hasta 1900. Como yo había pedido excedencia para sacarme el título de bachiller, el único lugar donde conseguimos plaza los dos fue en Burgos y allí nos trasladamos. En nuestra vida volvimos a pasar tanto frío; se helaban por la noche los orines en la bacinilla. Encima de las mantas teníamos que poner mi capa, que era una prenda de mucho abrigo, confeccionada en paño de lana muy grueso. Jacobo se había quedado con mis padres en espera de que al siguiente año pudiéramos organizar mejor el trabajo y la atención de nuestro pequeño. Eugenio, tu padre, nació el 3 de abril de 1902. Habíamos ido a un cortijo de la familia en Córdoba.

Nuestro siguiente destino concedido a los dos fue Barcelona. Tu abuela era huérfana; por eso acudimos a Córdoba para estar acompañados hasta la toma de posesión de nuestras respectivas plazas. Tu padre nació ochomesino y delicado; en realidad, fue delicado toda su vida. Los calores de Córdoba le producían diarreas y tenía peligro de deshidratación. El médico nos aconsejó que anticipáramos nuestro traslado con un niño de tres años y otro recién nacido.

Los trenes de aquella época tardaban más de veintiocho horas entre Córdoba y Barcelona. Nunca se sabía cuándo llegarían. Carmen estaba verdaderamente angustiada por la salud de Eugenio y el viaje parecía que nunca iba a acabarse. Yo había ido un mes antes para buscar alojamiento y les tenía preparado lo que sería nuestro hogar hasta 1904, fecha en la que tu abuela aprobó la oposición para la Escuela Normal de Madrid. Viajó a Barcelona acompañada por una chica de servir, que le ayudaba con los pequeños: el cambio de pañales, la comida… Tenían que bajar en las estaciones para conseguir agua potable. Carmen lo recordaba como una terrible pesadilla. Pero al fin llegaron. Nuestro hogar se encontraba en el paseo de San Juan, próximo a la plaza de Tetuán.

Una vez en Barcelona, tuvimos que buscar un ama de cría para Eugenio, ya que la abuela no iba a poder compaginar el trabajo con la lactancia. Para poder acudir al trabajo dependíamos de la chica de servicio y del ama de cría. Carmen dejaba a sus pequeños en manos desconocidas. Muchos días bajaba la escalera llorando si, por un casual, Eugenio no había pasado buena noche, estaba indispuesto o tenía fiebre.

Así conoció a doña Josefina, la esposa de un conde inglés. Ella y su marido habían tenido un palacete en Mahón, pero se vieron obligados a venderlo porque estaban arruinados. Vivían de las rentas que les producía el edificio, que les pertenecía por completo. El conde había participado en safaris en África y en una ocasión le trajo a su esposa un tigre bebé. Lo cuidaron como un gatito y se comportaba como tal, pero un día que doña Josefina se encontraba sola quiso atacarla. Tuvo que encerrarse en una habitación y cuando llegó el conde logró reducirlo y se vio obligado a regalarlo al zoológico.

Doña Josefina no tenía hijos, era su gran pesar, y al ver llorar a tu abuela la tranquilizó. A partir de aquel momento, hasta que nos trasladamos a Madrid estuvo muy pendiente de los dos pequeños».

Mi padre le tenía un gran cariño. Yo recuerdo ir a visitarla con él de niña. Ya viuda, vivía con una hija que habían adoptado. Seguía residiendo en la misma vivienda donde la conocieron los abuelos. Sentada en un sillón, muy erguida, con un moño al estilo de principios de siglo. Era muy cariñosa y me permitía tocar su piano. Tenían un loro que no paraba de parlotear.

«Mientras tu abuela preparaba su oposición a la Escuela Normal, yo había iniciado mis estudios para especializarme en la educación de sordomudos y ciegos. A la vez estudiaba Pedagogía, Psicología e idiomas. Tuve la gran suerte de que ella se ocupaba de la organización de la casa para que ambos pudiéramos disponer de tiempo para estudiar, sobre todo yo. Le faltaban horas al día para conseguir ir sacando todos mis proyectos adelante.

Nos trasladamos a Madrid. Esta vez el viaje solo duró diecisiete horas. Los niños ya no eran tan pequeños. Yo me adelanté para procurar un alojamiento para la familia, pero en esta ocasión regresé a Barcelona para recogerles. No quería que tu abuela volviera a viajar sola.

El 18 de mayo de 1908 nació Daniel y el 3 de diciembre de 1911, Leandro. En 1911 tu abuela contaba 39 años de edad y su vida transcurría entre la Escuela Normal por las mañanas y el hogar y la atención a nuestros hijos por las tardes. Eran tiempos felices; los pequeños llenaban la casa de alegría. El trabajo de la abuela era entonces más llevadero. Ella siempre necesitaba descansar después de comer y ahora se lo podía permitir. Ya no tenía que estudiar, por lo que se sentía relajada y feliz, sobre todo porque había conseguido un ama de cría para Leandro —cariñosa y responsable—, que vivió muchos años con nosotros hasta que regresó a Santander, a su aldea. Si uno de los niños se hallaba indispuesto, el ama de cría lo atendía con sumo cuidado. Estaba pendiente de todo y ayudaba a la chica en las labores domésticas. Además, ya no teníamos que depender de traslados.

Yo ya trabajaba en la Escuela de Sordomudos de Madrid y empezaba a tener contactos con la Institución Libre de Enseñanza. Comencé a pensar en la importancia de viajar a Francia para aprender nuevos sistemas de enseñanza».

The table is a reproduced image of a document.

| Rosario Moreno Sebastián | El profesorado de la Escuela Normal de Maestras de Madrid (1914-1939) | | |

PROFESORADO NUMERARIO

Nombre	Asignatura	Alta	Baja
Asunción Rincón Lazcano	Regente de la Escuela Aneja	1903	1948
Josefa Barrera	Ciencias	1882	1921
Carmen de Burgos	Gramática y Literatura	1909	1932
Clotilde de Castro	Geografía	1910	1932
Dolores Cebrián	Ciencias	1908	1951
M.ª E. de la Rigada	Matemáticas	1891	1930
Micaela Díaz Rabaneda	Historia	1913	1936
Guadalupe G. Mayoral	Pedagogía	1917	1941
África León	Labores	1931	S/D
Leandra Moreno	Letras (Geografía)	1904	1932

Profesorado de la Escuela Normal de Madrid (1882-1939), donde figura la abuela con el nombre de Leandra, que era el que aparecía en todos los documentos oficiales.[1]

Carmen de Burgos aparece en esta publicación como compañera de la abuela en la Escuela Normal desde 1909 —fecha en la que llegó a Madrid desde Almería— hasta 1932. A su llegada a la capital fue nombrada profesora especial de la Escuela de Artes y Oficios de Madrid para impartir elementos de Historia del Arte y ese mismo año fue nombrada profesora numeraria de la sección de Letras y Prácticas de Enseñanza de la Normal Central, en la que permaneció hasta su muerte en 1932.

---

1 https://revistas.ucm.es › index.php › RCED › article › viewFile de RM Sebastián -1998 (p.v.8-01-2020), pág. 184.

La verdadera vocación de Carmen de Burgos fue la de escritora. Se incorporó al magisterio, como muchas mujeres de aquella época, por una salida profesional digna, la única que le garantizaba su independencia y le proporcionaría una pequeña renta económica que le permitiera escribir. Y escribió mucho: encargos periodísticos, traducciones, cuentos. También pronunció conferencias, lo que le facilitaba poder aumentar los precarios ingresos como profesora. Como amiga de Blasco Ibáñez, fue una estrecha colaboradora de la editorial Sempere, que él dirigía. Realizó numerosos trabajos de traducción: obras de autores como Max Nordau, Ruskin, Renán, Tolstói, Anatole France, Nerval o Salgari.

En el periodismo fue precursora: la primera redactora de un periódico y la primera mujer corresponsal de guerra. En Madrid comenzó colaborando en diversos periódicos. Escribió artículos para *La Correspondencia de España*, *El Globo*, *El País*, etc., hasta que en 1904 es contratada como redactora del periódico *El Diario Universal*, donde tenía una columna diaria en la primera página, titulada «Lecturas para la mujer». En esas fechas adoptó el que sería su seudónimo: Colombine. En abril de 1904 forma parte como periodista de la delegación que acompaña al rey Alfonso XIII en su viaje a Almería. Visita la Escuela de Artes, el hospicio y la cárcel y a su regreso a Madrid publica dos artículos sobre su estancia. En 1906 trabaja en *El Heraldo*. Como corresponsal de este periódico estuvo en 1909 en Melilla, cubriendo la guerra al norte de Marruecos, y también informó sobre la Primera Guerra Mundial.

Vitalmente feminista, fomentó el debate y la opinión en temas comprometidos para la época como el divorcio o el voto de la mujer. En 1904 realizó en su columna diaria de *El Diario Universal* una encuesta sobre el tema del divorcio. Entre enero y junio recogió las opiniones de intelectuales, políticos y personajes destacados de la época sobre este tema. Participaron personajes de la talla de Emilia Pardo Bazán, Miguel de Unamuno, Pío Baroja o Antonio Maura. En el plebiscito, como lo llama la propia Carmen, se recogieron hasta 2.000 opiniones, en su mayoría favorables al divorcio. En 1907, desde las columnas de *El Heraldo*, realiza otra encuesta sobre el voto femenino. Fue un debate público, antesala de la reforma legal que se aplicó en la Segunda República. Su actitud vital fue consecuente con sus escritos. Participó en innumerables actos y en 1921 salió a la calle para exigir el voto femenino a las puertas del Congreso. También se implicó en otras causas como sus campañas en pro de los sefardíes, su apoyo a la abolición de la pena de muerte o su defensa de la infancia, en clara actitud pedagógica sobre la mejora de las condiciones higiénicas y de salud.[2]

A Carmen de Burgos se la reconoce como una de las mujeres que impulsó la masonería en España. Fue Venerable Maestra de una de las logias madrileñas, llamada Amor.[3] He buscado esta información sobre Carmen de Burgos porque en su día el abuelo la nombró, haciendo referencia a la importancia de la lucha por

---

2 http://www.dipalme.org/Servicios/IEA/edba.nsf/xlecturabiografias.xsp?ref=69 (p.v. 07-01-2020).
3 https://www.educacionyfp.gob.es › cida › guias-de-lectura › escritoras › b... (p.v.07-01-2020).

la igualdad de muchas mujeres de su época. Ese era el ambiente que rodeaba también a la abuela. Ignoro la relación que tuvo con ella, pero es evidente que se conocían.

La abuela en Madrid durante el verano de 1911. Tenía 39 años

Defunción de
Don Jacobo Orellana Espejo

«En 1912 murió mi padre ¡Qué sensación de soledad!… Mi madre había fallecido dos años antes. Yo no les había podido dedicar apenas tiempo; solo mis cartas, que les llenaban de alegría. Mi hermana cuidaba de ellos. Era tal mi actividad en el colegio y en los proyectos pedagógicos que no disponía de vacaciones. Don Blas Zambrano, padre de María Zambrano, escribió una necrológica, que conservé hasta hace poco tiempo».

Necrológica de don Blas Zambrano, padre de la filósofa María Zambrano, a la muerte de don Jacobo Orellana Espejo, publicada en *El Porvenir Segoviano* el 12 de septiembre de 1912

«El 31 de Agosto pasado falleció en Alameda, provincia de Málaga, un hombre meritísimo, D. Jacobo Orellana Espejo.

Era D. Jacobo uno de aquellos viejos (ha muerto a los ochenta años de edad) que elevaron a gran altura el prestigio de la clase, hoy tan mal traída por unos y por otros; porque hay que reconocer que aparte de la representación del maestro famélico, infeliz por los cuatro costados, en muchos pueblos y ciudades y hasta en provincias enteras el maestro era, por méritos propios más o menos acentuados, altamente considerado y a veces respetado como nadie.

Literato de la buena y castiza estirpe, y no hay que decir que hombre cultísimo, era también D. Jacobo Orellana, por feliz y no muy frecuente consorcio, hombre bueno, funcionario probo y trabajador, espíritu recto, corazón sencillo, carácter afabilísimo y cortés.

Benévolo con la juventud y desprovisto en absoluto de soberbia alentada con su palabra, al par que fortalecía con su ejemplo, a los que comenzábamos a andar por el áspero camino, que unas veces asciende a la cumbre del éxito y otras, por ramales que se llaman necesidad, impotencia, mala suerte… bordea entre matorrales las alturas y conduce al llano.

¡Cuarenta y cuatro años en la escuela, un maestro como D. Jacobo Orellana!…¿Puede calcularse, sospecharse siquiera, los beneficios que ese hombre ha deparado con su esfuerzo a los pueblos que sirvió? Écija, Antequera y Granada han tenido sucesivamente esa fortuna.

En la última de estas ciudades, en la Granada cuya ausencia nos hace comprender a los que hemos vivido en ella toda la amargura inconsolable del llanto de Boabdil, en la Granada que hace esclavo de su amor a quien la vive, conocí yo a D. Jacobo. Y en verdad que al recuerdo melancólico de Granada he unido siempre el de aquel viejo ilustre y venerable, que fue para mí tan bueno, porque era bueno.

Él descansará en la paz que merece, y en sus hijos, en sus amigos y en sus discípulos vivirá de continuo su recuerdo, también pacífico, con la suave y honda tristeza de esos atardeceres de los días espléndidos, más tristes porque recuerdan las alegrías de la cercana y ya extinta aurora.

Para los maestros jóvenes, unos engreídos, otros displicentes, modestos y cultos los demás, la memoria de los gloriosos veteranos, como don Jacobo Orellana y Espejo debe ser freno para los unos, para los otros estímulo y para todos, un bello ejemplo insuperable.

Segovia 8 septiembre 1912. B. J. Z.».

Esta necrológica la he transcrito siguiendo la ortografía del original que se utilizaba en la época. La localicé en el blog del sacerdote don José Antonio Espejo Zamora.

«Mi padre me transmitió el sentido del deber, la responsabilidad, la ética y la honestidad. Era un hombre que amaba profundamente su profesión. Sus alumnos lo recordaban con respeto y cariño. Fue como un inmenso roble que sujetaba la estructura familiar y a cuya sombra todos descansábamos. Yo sabía que mi vida tenía que seguir, recordando la herencia recibida y marcando nuevos destinos en mi camino, pero la sensación de soledad que deja la muerte de los padres se apodera de nosotros y nos acompaña toda la vida».

Guerra de Marruecos (1922)

Cuando llegaba a casa procedente del colegio, siempre desde la puerta empezaba a llamar al abuelo. Allí estaba; le veo con sus gafas y su lupa. Tenía un problema de nacimiento en el ojo derecho, una atrofia que le impedía la visión de ese ojo casi por completo. Para leer se ayudaba de su lupa, que tengo aquí, en mi escritorio. Es uno de sus recuerdos. La miro, sonrío y siento que me acompaña.

«¿No te he contado cuando fui a Marruecos en busca de tu tío Jacobo?… España se encontraba inmersa en la guerra del Rif, también llamada segunda guerra de Marruecos, una guerra que enfrentó a las tribus rifeñas con las autoridades coloniales españolas y francesas entre 1911 y 1927. Fue una larga contienda, con numerosos altibajos, que marcó la historia de España en el primer tercio del siglo XX. En 1921 se inició definitivamente el comienzo del fin del largo conflicto.

Todo empezó cuando el 12 de febrero de 1920 el general Manuel Fernández Silvestre, que había sido jefe del Cuarto Militar del rey y que tenía una hoja de servicios llena de actos heroicos, fue nombrado comandante general de Melilla. En enero de 1921 decidió emprender una ofensiva para tomar la bahía de Alhucemas. Dejándose llevar por su arrojo, que al fin se mostró imprudente, prescindió de los mandos superiores y quiso hacer la guerra por su cuenta, con unas tropas poco preparadas y con problemas de suministros, enfrentadas a las duras tribus rifeñas, acostumbradas a las calamidades y conocedoras de un territorio muchas veces ingrato y siempre duro. Perdieron la vida 10.000 hombres entre oficiales profesionales y soldados de reemplazo. También cayeron heridos o prisioneros otros 10.000 en manos de Abd el-Krim. A punto estuvo de perderse Melilla.

Allí, en medio de esa masacre, se encontraba Jacobo, tu tío. En su servicio militar le había tocado Marruecos y se vio obligado a quedarse. Contaba veintitrés años de edad. Las noticias que llegaban a la Península eran muy alarmantes y algo me dijo que debía tomar rápidamente cartas en el asunto. No sabíamos si estaba vivo o muerto porque hacía mes y medio que no recibíamos noticias suyas. Después de debatir sobre la mejor solución con tu abuela, decidí que debía desplazarme a Marruecos; parecía lo más cabal. Estaba en periodo vacacional, así que empecé a mover contactos con amistades; acababa de hacerme socio del Ateneo y conseguí a través de un amigo una carta de recomendación para el Alto Comisario. Imposible iniciar este viaje sin unas credenciales. Viajé hasta Algeciras y allí embarqué en un carguero que admitía pasajeros.

Gracias a las gestiones del Alto Comisario logré averiguar que Jacobo se encontraba en un hospital en Tánger. Por fin pude encontrarlo; se hallaba en unas condiciones deplorables. Tenía sarna y una afección intestinal que le hubiera costado la vida. Apenas podía andar. Conseguí sacarlo del hospital por la noche a base de sobornar al enfermero de guardia y lo llevé a un hotel donde las condiciones higiénicas dejaban mucho que desear, con camastros que no invitaban a acostarse. Quité los colchones y, como era verano, coloqué las sábanas —que aparentemente estaban limpias— encima del somier. Quería evitar como fuera las picaduras de pulgas y chinches. Era un lugar que nos aseguraba la clandestinidad que precisábamos. Allí nos hospedamos hasta la noche siguiente. Nos trasladamos en una carreta hasta el lugar donde íbamos a embarcar. Era principios de agosto de 1922. Nos llevó un día entero.

Viajaba lleno de tensión, preocupado por su extrema debilidad. Al día siguiente conseguí que un pescador accediera a cruzar el estrecho de Gibraltar gracias a una buena cantidad de dinero. Por fin llegamos a España tras una travesía en la que nos acompañó la suerte. Había luna llena, que nos iluminó el camino; sin embargo, se me hizo larguísimo. Siempre le tuve mucho respeto al mar y viajar de noche impresiona muchísimo. Una barca rodeada de agua oscura y profunda. Parecía que el pescador era un hombre seguro y experto, pero yo me sentía totalmente desprotegido, se me entumecían las piernas y no me podía mover. Tu tío apenas se enteraba de lo que estaba sucediendo.

En Cádiz alquilé un piso. Jacobo estaba en tan malas condiciones físicas que no podía emprender un viaje de retorno a Madrid. Un médico le visitaba todos los días y le dio un tratamiento que logró que poco a poco pudiera recuperarse. No figuró como prófugo porque eran tantos los cadáveres sin identificar y los prisioneros, unido al desastre de organización, que al poco tiempo pudimos regresar a la capital sin problemas.

A tu abuela le envié un telegrama desde Tánger cuando encontré a Jacobo y otro nada más instalarnos en Cádiz. Luego ya empecé a escribirle, poniéndola al corriente de nuestro día a día. Así transcurrieron mis vacaciones de aquel año.

Tu tío había estudiado Bellas Artes. La guerra de Marruecos interrumpió sus aspiraciones a continuar en la universidad. Una vez recuperado de los horrores y sufrimientos pasados, preparó unas oposiciones para funcionario de correos e inició su trabajo con veinticinco años de edad.

Eugenio, tu padre, padeció desde pequeño bronquitis asmática, que le impedía llevar los estudios con normalidad. Fue el único que no estudió una carrera universitaria porque pasaba temporadas en un sanatorio de Granada. Este hecho le liberó de hacer el servicio militar. Cuando acabó el bachillerato en el Liceo Francés preparó oposiciones como funcionario de telégrafos y ya estaba trabajando cuando Jacobo y yo regresamos de Marruecos».

Recuerdos de la posguerra
en Bruselas (1944)

Yo estaba atenta a su relato, sin pestañear. Me parecía el héroe de una historia de aventuras. Presumía de abuelo con mis amigas.

Después de comer regresaba al colegio. Mi hermana Feli trabajaba en las oficinas de un taller de confección de trajes de caballero; su relación con el abuelo era escasa debido a su horario, que en aquella época era de 48 horas semanales. Además, tenía novio. Estaba plenamente integrada en otras historias.

Por la tarde hacía mis deberes y deseaba acabar rápidamente para poder volver a charlar con él. Estaba a mi lado, entretenido en sus lecturas.

«La Segunda Guerra Mundial fue terriblemente devastadora; hubo una población en Bélgica que fue bombardeada por los alemanes y nadie sobrevivió, solo un niño que había ido a visitar a sus abuelos y no se encontraba allí. Utilizaron las mismas bombas incendiarias que en Guernica. En realidad, fue precisamente en Guernica donde experimentaron para poder luego arrasar también Londres y muchas otras ciudades.

Una vez finalizada la guerra, hubo un acto en el que se colocó la primera piedra para reconstruir la ciudad. Fueron representantes de toda Europa, menos España. Allí me trasladé —vivía entonces en París—.

Tus tíos Leandro y Evelyn se encontraban en Bruselas y aproveché el viaje para pasar unos días con ellos. Fue un acto en el que iban de la mano el dolor y la esperanza. El dolor y el sufrimiento latentes en los supervivientes. La esperanza de construir una Europa libre y alejada de nuevas contiendas».

En nuestro hogar mis padres hablaban muy poco de la guerra. Alguna vez mi madre recordaba a su hijo perdido y se notaba que comentarlo le hacía mucho daño. También nos hablaba de su querido hermano muerto, del terror y la angustia de vivir en Barcelona bajo los continuos bombardeos, del hambre, del frío y de su resistencia a vivir en una ciudad en la que había pasado las peores experiencias de su vida. Toda la información que me daba el abuelo era totalmente nueva para mí. En casa apenas se comentaba nada de Hitler ni de la Segunda Guerra Mundial.

Mi padre trataba de localizar con un transmisor de cascos la emisora Pirenaica. La Pirenaica fue la más importante en su momento entre las emisoras clandestinas. Se creó a instancias de Dolores Ibárruri, la Pasionaria, y comenzó a emitir desde Moscú el 22 de julio de 1941. El apelativo de estación pirenaica se utilizaba para eliminar la sensación de lejanía que podía significar para los oyentes de España el hecho de estar en Moscú. En ella se podía localizar una información que contrastaba con el «parte oficial» que se emitía en las emisoras españolas. Ese famoso «parte oficial» finalizaba de la siguiente forma: «¡Viva Franco! ¡Arriba España!», seguido del himno nacional. Ese final no se podía oír en casa; mi padre no lo soportaba. El que estuviera más próximo a la radio tenía que salir corriendo para apagarla. Era una norma de obligado cumplimiento.

Muy a menudo se hablaba en ese parte del peligro para la sociedad española de los conspiradores contra la patria: judeomasones, marxistas, leninistas y trotskistas. Como es natural, se trataba de propaganda de Estado. Otra cosa distinta es que nadie sabía con certeza lo que estaba sucediendo en Rusia. A raíz de la caída del telón de acero y la perestroika, con el libro *Archipiélago Gulag*, de Aleksandr Solzhenitsyn, empezó a conocerse el drama vivido en la Unión de Repúblicas Socialistas Soviéticas. Se le atribuyen a Stalin alrededor de cien millones de muertos entre los represaliados, los enviados a Siberia a unos campos sin retorno y los fallecidos por hambre.

Y el abuelo seguía relatando la historia de su vida.

Institución libre de enseñanza (1912)

«*En Europa se hablaba y se escribía mucho sobre Freud y Jung. Empecé a interesarme por el psicoanálisis y leí muchos libros escritos por ellos. Mi interés, ante todo, se encontraba en lo que se refería a la infancia. Para Jung, el ideal de los colegios era que tuvieran grandes ventanales con vistas a espacios donde se pudiera contemplar la naturaleza, paseos y clases al aire libre, observación y conocimiento profundo de esta.*

Entonces empecé a estrechar contactos con la Institución Libre de Enseñanza. El principio fundamental de la Institución era educar a sus alumnos. Para ello resultaba primordial el principio de la "reverencia máxima que se debe al niño", por lo que se proponía sembrar en la juventud la más absoluta libertad y respeto. Pretendía despertar el interés de sus alumnos hacia una amplia cultura general y prepararlos para ser científicos, abogados, maestros, médicos…, pero sobre todo para ser personas capaces de concebir un ideal de gobernar su propia vida. Esto me parecía fundamental, el saber gobernar la vida, el tener un concepto de valores amplio y bien arraigado y el respeto por uno mismo y, por consiguiente, el respeto hacia los demás.

Desde 1876 hasta la guerra civil de 1936, la ILE se convirtió en el centro de gravedad de toda una época de la cultura española y en cauce para la introducción en España de las más avanzadas teorías pedagógicas y científicas que se estaban desarrollando fuera de las fronteras españolas. No solo estaban involucradas en la Institución personas del ámbito na-

cional, sino que a nivel internacional había muchos colaboradores. Había figuras de gran dimensión como Bertrand Russell, Henri Bergson, Charles Darwin, John Dewey, Santiago Ramón y Cajal, Miguel de Unamuno, María Montessori, León Tolstói, etc. No te puedes imaginar lo contraria que era la Iglesia a las teorías de Charles Darwin. Era imposible introducirlas en los colegios religiosos.

La coeducación era un principio esencial del régimen escolar, ya que no existía fundamento para prohibir en la escuela que uno y otro sexo vivieran como en la familia y en la sociedad y acabar así con la supuesta inferioridad de las mujeres. Aspiraba a que sus alumnos pudieran servirse de los libros como fuente principal de cultura, pero no empleaba los llamados libros "de texto" ni las "lecciones de memoria" por creer que todo ello contribuía a petrificar el espíritu y a mecanizar el trabajo de clase, ya que la función del maestro era despertar el interés vivo del niño. El interés por las cosas, por todo cuanto nos rodea y por investigar, se consideraba fundamental para crecer como individuo.

La Institución consideraba indispensable la cooperación entre familia y escuela. La educación elemental y la secundaria no podían separase. Formaban un proceso continuo que debía extenderse hasta la universidad. Las clases debían ser una conversación entre alumno y maestro guiada por el espíritu del descubrimiento, incentivando siempre la curiosidad. La disciplina no podía basarse en castigos, sino en la idea de la corrección y la reforma. Había gran interés en crear hábitos cotidianos de salud e higiene y se renegaba del sistema de exámenes y castigos. Esto se ajustaba en gran manera a lo que yo había estudiado y que me parecía una revolución pedagógica, en la que yo creía.

En 1920 la población analfabeta en España representaba un porcentaje del cincuenta por ciento, siendo siempre el número de mujeres bastante superior al de los hombres. El propósito de la ILE era acabar con esa lacra.

La Institución fue fundada en 1876 por un grupo de catedráticos (entre los que se encontraban Francisco Giner de los Ríos, Gumersindo de Azcárate y Nicolás Salmerón), separados de la enseñanza en la universidad por defender la libertad de cátedra y negarse a ajustar sus enseñanzas a los dogmas oficiales en materia religiosa, política o moral. La dichosa moral, que tanto ha condicionado al ser humano. Yo siempre defendí la ética, la posibilidad de una formación en valores éticos y no solo morales. Los valores éticos representan un trabajo del individuo en sí mismo, tratando sobre todo de que su vida se rija por la honestidad. La moralidad es una imposición de normas, que van dependiendo de la época y siempre vienen de fuera hacia dentro y no forman parte de un crecimiento interior del individuo, que supone un trabajo de dentro hacia fuera.

Cossío sucedió a Giner de los Ríos y puso en práctica las llamadas misiones pedagógicas, mediante las que acercó a los pequeños núcleos rurales bibliotecas, lecturas, proyecciones, representaciones teatrales, etc. Estas misiones pedagógicas fueron la muestra más clara de ese «tiempo de la gran ilusión» que representaron los primeros meses republicanos. Algunos de los miembros más destacados fueron Antonio Machado, Pedro Salinas, Ángel Llorca, Óscar Esplá, Luis Álvarez Santullano, María Moliner, María Zambrano, Rodolfo Llopis, etc.

El poeta Luis Cernuda coordinaba el servicio de la biblioteca. Este servicio era uno de los más importantes del patronato. Todo este esfuerzo económico sirvió para la creación de 5.522 bibliotecas y la realización de 44 «misiones» a las zonas más deprimidas de España. Además de bibliotecas, la misión dejaba en algunos de los pueblos visitados un gramófono y una colección de discos —seleccionados por Óscar Esplá—, que eran renovados de tiempo en tiempo. El material solía ser confiado al maestro. En las visitas de los misioneros se llevaba un gramófono y antes de poner los discos se hacía un comentario sobre el compositor y la música que se iba a escuchar: tradicional, de distintas partes de España o de los grandes compositores clásicos. El patronato editó una colección de discos, de los cuales cuatro recogían las canciones del Coro de las Misiones.[4]

Sus objetivos, según decreto de 29 de mayo de 1931, eran «difundir la cultura general, la moderna orientación docente y la educación ciudadana en aldeas, villas y lugares, con especial atención a los intereses espirituales de la población rural. La acción de las misiones abarcaba tres aspectos principales:

> — *El fomento de la cultura general a través de la creación de bibliotecas fijas y circulantes, proyecciones, representaciones, etc.*
> — *La orientación pedagógica a los maestros de escuelas rurales.*
> — *La educación ciudadana necesaria para hacer comprensibles los principios de un Gobierno democrático a través de charlas y reuniones públicas.*

---

4 http://www.residencia.csic.es/misiones/exposicion/expo8.htm (p.v. 07-01-2020).

A partir de 1912 yo empecé a vivir una vida efervescente. Mi entusiasmo por el trabajo era total porque creía firmemente en todo lo que se estaba cociendo en España.

Bajo la influencia de Giner y la Institución se emprendieron desde organismos públicos importantes reformas en los terrenos jurídico, educativo y social y se crearon organismos como el Museo Pedagógico y la Junta para Ampliación de Estudios, de la que dependían el Centro de Estudios Históricos, el Instituto Nacional de Ciencias Físico-Naturales y la Residencia de Estudiantes.

El primer modelo educativo de la Institución fue la masónica Universidad Libre de Bruselas, destacando el krausista Tiberghien, afiliado a la logia Los Amigos Filántropos de Bruselas. La Institución se inspiró también en la Escuela Modelo de A. Sluys, compañero de logia de Tiberghien. Muchos hombres importantes ligados a ella pertenecieron a la masonería.

Ni Francisco Giner de los Ríos ni Cossío ni la mayor parte de los primeros krauso-institucionistas pertenecieron a la Orden del Gran Arquitecto del Universo. Sin embargo, no puede negarse la importante influencia de la masonería».

Le pregunté por el Gran Arquitecto del Universo y él me contestó que era la forma que tenían los masones de nombrar a Dios.

«A través de la Institución y del Ateneo empecé a tener contacto con masones. Otro día te hablaré de ellos.

Si el analfabetismo en la población sin problemas auditivos o visuales era tan elevado, puedes imaginarte la situación de los discapacitados por su sordomudez, ceguera o ambas cosas a la vez. No todos podían acceder a la educación y en los hogares modestos los padres no tenían la capacidad de enseñarles el lenguaje de los signos porque ellos tampoco lo sabían. Eso representaba un aislamiento total de la sociedad y una incapacidad para salir adelante en la vida por sí mismos.

En lo que se refiere al Colegio de Sordomudos, en aquellos momentos se trataba de enseñar el lenguaje de los signos y a leer y escribir —en el caso de los ciegos, el sistema braille—, pero no se les enseñaba a hablar, lo que les incapacitaba enormemente la comunicación.

Los niños que habían llegado a esa situación a través de una enfermedad eran distintos a los que nacían ya con la discapacidad. A veces, dependiendo de la edad en la que habían perdido esas facultades, su incomprensión y su desesperación no tenían límites. Era muy importante poder acceder a su interior, a su silencio, para hacerles entender su nuevo estado. Precisaban de una atención constante y absoluta. Se trata de seres tremendamente sensibles; tienen que desarrollar el resto de sentidos y una vez que son capaces de comunicarse se puede comprobar que en su mayoría son muy inteligentes, con capacidades que nadie podría imaginar.

Me parecían milagrosos los resultados que se estaban obteniendo en Europa. De ahí mi enorme interés por poder traer a España esos sistemas. Habían alcanzado con éxito la posibilidad de que estos niños pudieran hablar. En el preciso momento que ellos hablaran y aprendieran a leer en los labios, su vida podría alcanzar cuotas de normalidad, les sería posible estudiar, trabajar y sentirse seres integrados en la sociedad».

Primer viaje a
Francia (1913-1914)

«El curso 1913-1914 lo pasé en Francia. Allí conseguí empezar a cumplir mis expectativas y comenzó un periplo que iba a durar bastantes años. Solicité una beca que concedía la Junta de Ampliación de Estudios, organismo dependiente de la Institución.

Tuve la gran suerte de contar con el apoyo incondicional de tu abuela. Le concedí poderes notariales para que pudiera realizar operaciones bancarias y administrativas, así como comprar y vender en bolsa. Era una mujer con una capacidad administrativa increíble. En la bolsa hizo operaciones que le permitieron conseguir los primeros ahorros. Una vez más ella sostuvo el hogar, en esta ocasión con nuestros cuatro hijos. Leandro contaba solo dos años de edad. La pensión que me concedían solo servía para mantenerme a duras penas, ya que el coste de la vida en el extranjero era muy elevado.

Había solicitado la beca en calidad de pensionado. Se me reconocieron todos los títulos y mi experiencia en el Colegio de Sordomudos. En Francia trabajé en laboratorios de fonética y en el laboratorio de la palabra, que dirigía el profesor Marichelle. Tenía previsto pasar el curso 1914-15 en Suiza, pero mi proyecto fue interrumpido por la Primera Guerra Mundial.

También realicé estudios de ortofonía con el profesor Herlin en Bruselas. Me parecía mentira poder cumplir mis sueños. A todos ellos los conocía por sus libros y sentía una gran admiración por su trabajo».

En ese momento me colocó la mano bajo su barbilla y me hizo sentir la vibración de cada palabra al hablar. Luego me cogió la mano y empezó a demostrarme cómo se les enseñaba a los sordomudos ciegos a través de las palabras y los signos que se marcaban mediante las manos. A continuación me puso la mano en sus labios y me hizo cerrar los ojos para que percibiera todas las vibraciones de los sonidos al hablar.

En casa de mi tía Rosita, viuda de mi tío Jacobo, cuando ya habían fallecido mi padre y sus hermanos —buscando papeles para poder realizar la declaración de herederos de mi tío Daniel—, tuve ocasión de ver los poderes notariales concedidos a la abuela y los comprobantes de sus inversiones en la bolsa. Todo eso se perdió a la muerte de mi tía.

«Regresé a España y, al objeto de poder contribuir de nuevo a los gastos domésticos, me hice cargo de las colonias que se llevaban a cabo en el periodo vacacional con alumnos del Colegio de Sordomudos. Íbamos a unos sanatorios de verano en el mar para que pudieran gozar de vacaciones. Era un programa para niños de familia humilde con la colaboración de la Institución Libre de Enseñanza. En aquella época yo tenía ya una relación estrecha con Manuel Bartolomé Cossío».

Foto en una colonia de verano en Santoña. En la fila de atrás
está mi padre; en el centro, el abuelo

Dado que el abuelo aprovechaba las vacaciones veraniegas para acompañar a los niños a las colonias, la abuela empezó a veranear en Santander y San Sebastián. Conservamos en la familia los baúles que utilizaba para sus desplazamientos. Entonces existían los mozos de cuerda, que transportaban esa pesada carga hasta la estación.

Se repartían a los hijos. Los mayores solían ir con el padre al extranjero y los pequeños se quedaban con la madre. Más adelante también llevó a los pequeños con él en sus viajes de trabajo a Bruselas y París para que practicaran el francés. Leandro conoció en Bruselas a Evelyn, su esposa.

La abuela en Madrid en 1922;
contaba cincuenta años de edad

El abuelo en una de sus clases del Colegio
de Sordomudos delante de un espejo

Mi padre trabajaba en telégrafos; muchas veces hacía turnos de noche porque así conseguía unos ingresos extras que iban muy bien a la economía familiar. La influencia en la educación recibida de los abuelos se notaba en el interés que tenía por que sus hijas estuviéramos en contacto con la naturaleza. Los domingos que no trabajaba hacíamos excursiones toda la familia a Vallvidrera o La Floresta, poblaciones con montaña próximas a Barcelona, a las que se podía acceder utilizando los Ferrocarriles Catalanes. Allí nos enseñaba algo de botánica en directo y a observar la naturaleza. Llevábamos nuestra cesta con la merienda.

Los días que libraba me llevaba a museos, a pasear por Montjuic o al puerto. Yo disfrutaba muchísimo; era muy entretenido ver los trabajos portuarios: cómo se pintaban los barcos, cómo se cargaban y descargaban… Una vez visitamos un portaaviones americano. Ahora acompañaba al abuelo de paseo porque sus piernas de noventa años ya no tenían la fortaleza para permitirle ir solo y siempre caminaba ayudado por su bastón. También compartía con él pequeños paseos hasta una plaza cercana a nuestra vivienda.

Un día me pidió que le acompañara a la zona residencial de Barcelona, cerca de la plaza de la Bonanova. Allí vivía, en una casa rodeada de jardín y en medio de un lujo desconocido para mí, una alumna de la abuela. Quería agradecerle las gestiones que ella había realizado para que la abuela pudiera regresar de París en 1940, una vez finalizó la Guerra Civil. Ahora pienso en las dificultades de todos para alojarle en un piso que no llegaba a los sesenta metros cuadrados y en lo incómodo que debía de sentirse él. Yo entonces no era sensible a esos problemas. La más afectada era mi madre. Todos salíamos durante horas a realizar nuestras respectivas tareas; ella estaba todo el día allí con él, en un espacio tan reducido.

Cuando mi padre tenía medio día libre compartían conmigo las historias; por ejemplo, cuando comenzaron a recordar lo fantásticas que fueron las exposiciones universales del 29 en Barcelona y Sevilla.

Exposición Universal (1929) y Generación del 27

«Yo no podía desplazarme en aquel momento a Barcelona porque mis obligaciones en el Colegio de Sordomudos me lo impedían y en periodo de vacaciones, precisamente de ese año, participé en un seminario sobre ortofonía que se realizaba en Londres, pero recuerdo el entusiasmo de tu padre y de Jacobo cuando regresaron de Barcelona. Que te cuente él».

A mi padre le encantaba llevarme de paseo por los espacios donde se celebró la exposición, pues el Poble Sec se encuentra en la parte este, colindante con Montjuic. Mi padre tomó la palabra:

«El Palacio Nacional fue el edificio principal de la exposición, obra de los arquitectos Eugenio Cendoya y Enric Catà, bajo la supervisión de Pere Domènech i Roura. Albergó 5.000 obras de arte procedentes de museos de toda España.

En la actualidad es el MNAC, Museo Nacional de Arte de Cataluña.

Se construyó la fuente iluminada, la "fuente mágica", que aún hoy en día sigue siendo una atracción turística; y el Pueblo Español, que alberga una representación de distintos edificios emblemáticos. El proyecto de todo el recinto ferial lo llevó a cabo Josep Puig i Cadafalch, incluido el del Pueblo

Español, resuelto con pequeñas representaciones de calles de numerosas ciudades españolas. Tú lo conoces muy bien.

Se ajardinó toda la falda norte de la montaña; era un delicioso paseo entre parterres, estatuas y fuentes, donde se construyó un teatro griego, obra de los arquitectos Ramón Reventós y Nicolau Maria Rubió i Tudurí, que se inspiraron en la planta del teatro de Epidauro. Este se ubicó en una antigua cantera de la montaña, con lo cual la pared cortada de piedra sirvió como escenario del teatro».

Allí jugaba yo de pequeña; bajaba y subía por las hileras que formaban los asientos. Me sentía en Grecia, interpretando una obra de teatro clásico. Era un lugar especial. Soñaba que iba vestida con una túnica y mi imaginación volaba. También me llevó mi padre en diversas ocasiones al Pueblo Español. Había talleres de cerámica y vidrio. Me encantaba ver el trabajo del vidrio con el fuego.

«Los jardines y avenidas ascendían hasta la zona de Miramar. Francesc Cambó, comisario de la junta organizadora de la Exposición Internacional de 1929, encargó a Jean-Claude Nicolas Forestier el ajardinamiento y el acondicionamiento de gran parte de la falda norte de la montaña, que hasta entonces estaba llena de huertos y chabolas».

En la falda este de la montaña, cerca del Poble Sec, todavía había barracas donde se alojaba un número considerable de personas, al igual que en el Somorrostro. Todo ello se reestructuró para las olimpiadas del 92.

«Forestier concebía los jardines como espacios de armonía, obras de arte donde se combinaban colores, formas y efectos sonoros que invitaban al reposo y la contemplación. El ingeniero francés introdujo de nuevo la pérgola, que había quedado en desuso, y utilizaba el agua como elemento sonoro y estético.

Se construyó en Miramar un restaurante lleno de terrazas, desde las que se podía contemplar casi toda Barcelona, y un funicular que subía desde el Paralelo hasta allí. Fue un esfuerzo titánico. Todo eso lo conoces y lo hemos recorrido en numerosas ocasiones. Ahora se encuentran allí los estudios de RTVE en Barcelona y el funicular es el mismo que hemos cogido algunas veces».

Recuerdo los rincones donde se podía encontrar una fuente, un estanque, una estatua. Aunque era pequeña, me producían una sensación de bienestar y paz. Siempre que había una feria internacional mi padre me llevaba. Él contribuyó a que yo sintiera interés por muchísimas cosas. Todavía recuerdo la impresión que me causaban los pabellones orientales.

«Al mismo tiempo tuvo lugar la Exposición Iberoamericana de Sevilla. Fue la primera exposición internacional para dar muestra del hermanamiento de Portugal y España —los dos países que conforman la península ibérica— con Hispanoamérica y cambió para siempre la imagen de la ciudad de Sevilla, aportando nuevas zonas de expansión y espacios arquitectónicos de gran belleza, como la plaza de España y la reestructuración del parque de María Luisa y el barrio de Santa Cruz.

Tu tío Jacobo y yo decidimos pasar nuestras vacaciones en Barcelona. Un mes entero disfrutando de una ciudad en la que —en el Paralelo y las Ramblas— los cafés, cabarets y algunos espectáculos no cerraban en toda la noche, incluidos los quioscos de prensa. Barcelona se mostraba entonces radiante y abierta a todos los turistas y empresarios que la visitaban. Fueron las vacaciones más divertidas de mi vida.

Debido a la coincidencia con la Exposición Iberoamericana de Sevilla, en Barcelona no participó ningún país de Hispanoamérica. Del resto de países participaron de forma oficial Alemania, Austria, Bélgica, Checoslovaquia, Dinamarca, Finlandia, Francia, Hungría, Italia, Noruega, Rumanía, Suecia, Suiza y el Reino de los Serbios, Croatas y Eslovenos (posterior Yugoslavia). La mayoría de estos países tuvieron pabellón propio, excepto Austria, Checoslovaquia, Finlandia y Suiza. Además, participaron de forma no oficial Estados Unidos, Japón, Países Bajos, Portugal y Reino Unido. Cada país tuvo una semana dedicada a lo largo del evento, destacando durante la semana alemana el vuelo del dirigible Graf Zeppelin sobre Barcelona, el 16 de mayo de 1929. No tuvimos oportunidad de verlo porque nosotros fuimos en julio».

«Esas exposiciones supusieron un gigantesco desembolso económico; sin embargo, fueron una catapulta que situó a España dentro de la modernidad. Dejó de ser el país del sur, retrasado y pobre, y pasó a figurar como uno más de Europa, preocupado por renovar la enseñanza, con una industria floreciente —sobre todo la textil— y con investigadores de prestigio como Santiago Ramón y Cajal (Premio Nobel de Medicina en

1906) y poetas y literatos famosos a nivel internacional. Se respiraban nuevos tiempos en España, llenos de ilusión y esperanza.

Precisamente, acababa de surgir una nueva estirpe de poetas y escritores, que formaron lo que se vino a llamar generación del 27, de la que formó parte Juan Ramón Jiménez. Dentro de este grupo de literatos cabe destacar a Jorge Guillén, Rafael Alberti, Federico García Lorca, Pedro Salinas, Dámaso Alonso, Gerardo Diego, Luis Cernuda, Vicente Aleixandre, Manuel Altolaguirre, Juan José Domenchina y Emilio Prados. Se ha ampliado sin cesar y hay autores que también incluyen a Miguel Hernández en la lista y a dramaturgos como Max Aub, Fernando Villalón, José Moreno Villa o León Felipe. Coinciden los elegidos en una sólida formación universitaria y en la consideración de Juan Ramón Jiménez como poeta de referencia. Todos ellos tuvieron que huir de España o murieron. Una estirpe de hombres que representaban un gran valor para el país, que sucumbió.

Se relacionaban; había casos de profunda amistad, al menos entre los que residieron en la misma zona y frecuentaron lugares como la Residencia de Estudiantes —donde entraron en contacto con las vanguardias artísticas y científicas— y el Centro de Estudios Históricos —donde asimilaron las tradiciones culturales hispánicas—, así como en las redacciones de revistas como La Gaceta Literaria, Cruz y Raya, Revista de Occidente, Litoral, Caballo Verde para la Poesía y Octubre, entre otras, lo cual les hacía tener una conciencia colectiva, unida por experiencias comunes definidas.

La Residencia de Estudiantes era frecuentada asimismo por el pintor Salvador Dalí, el cineasta Luis Buñuel y el científico Severo Ochoa. Un científico extraordinario que perdió España para siempre; se fue en 1936 y no ha regresado. Se nacionalizó estadounidense. Junto con su discípulo Arthur Kornberg recibió el Premio Nobel de Medicina en 1959.

Esta residencia, desde su fundación en 1910 por la Junta para Ampliación de Estudios hasta 1936, fue el primer centro cultural de España y una de las experiencias más vivas y fructíferas de creación e intercambio científico y artístico de la Europa de entreguerras. En 1915 se trasladó a su sede definitiva en la madrileña Colina de los Chopos. Durante toda esta primera etapa su director fue Alberto Jiménez Fraud, que hizo de ella una casa abierta a la creación, el pensamiento y el diálogo interdisciplinar. Tanto la Junta como la Residencia, como ya te dije, eran producto de las ideas renovadoras de la Institución Libre de Enseñanza.

Todo esto te lo cuento para que te hagas una idea del bullir intelectual y científico del momento que se estaba viviendo en España».

Europa (1914-1930)

«En lo que se refiere a Europa, a mí me tocó vivir una auténtica revolución artística y científica. Al impresionismo, que nació a mediados del siglo pasado, le siguió el expresionismo. La primera vez que visité París hacía pocos años que había muerto Rodin. En Europa también hubo un círculo artístico de amigos que compartían arte, literatura y psicología, como el poeta Rainer Maria Rilke, el filósofo Friedrich Nietzsche, León Tolstói y Sigmund Freud, así como la escritora y filósofa Lou Andreas-Salomé, que colaboró con Freud y fue una apasionada de la psicología. Todos ellos fueron amigos de Rodin.

En París se encontraba viviendo y trabajando Pablo Picasso. Contaba con un distinguido círculo de amigos en los barrios de Montmartre y Montparnasse. Entre ellos se contaban el poeta André Breton, el escritor Guillaume Apollinaire, el escritor, dramaturgo y poeta Alfred Jarry y la famosa escritora Gertrude Stein.

Cuando llegué a París en 1913 en ese, mi primer viaje a la Ciudad de la Luz, acababa de finalizar la construcción de la basílica del Sacré Cœur. Su cúpula blanca era un hito muy visible en la ciudad. Muy próximos a la basílica, los artistas instalaban sus caballetes cada día, en medio de las mesas y sombrillas de colores de la place du Tertre. Allí quedaba el sabor de todos los pintores impresionistas. Por la noche la imagen cambiaba y se tornaba en un mundo lleno de ambiente de cabarets, encabezados por los famosos Moulin Rouge y Le Chat Noir.

La Sociedad Psicoanalítica de París se fundó el 4 de noviembre de 1926. René Laforgue, uno de sus fundadores, había mantenido un intercambio epistolar con Freud. La llegada a París de Rudolph Loewenstein, formado en el Instituto Psicoanalítico de Berlín, contribuiría entonces a la constitución de un grupo de nuevos miembros jóvenes. Este grupo de fundadores se vio sometido a fuertes tensiones, ligadas a la cuestión del lugar que debían ocupar las ideas de Freud en Francia. El primer instituto de psicoanálisis fue creado en 1934. Ernest Jones pronunció el discurso inaugural; Freud y Max Eitingon enviaron telegramas de felicitación.

Yo acudí en repetidas ocasiones a conferencias que se organizaban en la Sociedad Psicoanalítica. En 1940, a raíz de la entrada de los alemanes, el instituto de psicoanalistas cerró sus puertas.

La vida había empezado a discurrir con una rapidez inaudita. Mujeres como Marie Curie revolucionaron el mundo científico. El bacteriólogo británico y Premio Nobel Alexander Fleming descubrió el antibiótico más utilizado en el mundo, la penicilina, en el verano de 1928. Las ciudades comenzaron a llenarse de automóviles. Fui testigo del inicio de la modernidad, con todos los cambios que representaba, y la vivía con entusiasmo.

Madrid parecía una pequeña capital de provincias al lado de París. Siempre he pensado que las ciudades tienen alma, que en ellas queda impregnada su historia y la de sus habitantes. Yo viví allí el suficiente tiempo para considerarme parisino. La ciudad me ha transmitido siempre algo muy especial. La revolución, la democracia que no había en España, el sentido de la libertad realmente interpretado, los pintores de Montmartre… Fue la capital europea de la creatividad. Como consecuencia de la Segunda Guerra Mundial ese mundo se trasladó a Nueva York, pero algo de su esencia quedó».

Dictadura de Primo de Rivera (1923-1929)

El abuelo escribía sus cartas a máquina; siempre se había comunicado con nosotros muy a menudo desde Bruselas. Mi padre nos hacía escribir unas letras en las que enviaba a la familia. Ahora los destinatarios eran Evelyn y Diego. Se preocupaba mucho por la situación en la que habían quedado. Sin embargo, ella siempre contó con el apoyo de su padrastro, Guy. También había una correspondencia fluida con Jacobo y Daniel.

En casa siempre se habían recibido las cartas con mucha alegría. Se leían en voz alta para toda la familia. Solo los apartados dedicados a la política se omitían. Además, utilizaban palabras en clave, que ya habían acordado en el momento de la separación familiar. Recuerdo que a los americanos les llamaban «amerloques». No es que tuvieran especial enemistad hacia el pueblo americano, pero sí hacia su política capitalista. Según todos los Orellana, el capitalismo americano iba a conducirnos a un sistema de vida sin esperanza.

Y allí estaba un día más.

«El otro día hablamos de la Exposición Universal del 29. Esta debía haberse realizado antes, pero los proyectos se paralizaron por la dictadura de Primo de Rivera.

La no intervención de España en la Primera Guerra Mundial en principio fue favorable económicamente, ya que aumentaron las exportaciones, principalmente suministros de ropa militar, mantas, material para hospitales, etc. Las fábricas textiles de Cataluña aumentaron sus exportaciones de forma considerable; sin embargo, una vez la guerra concluyó se castigó a España y se inició un descenso importante de las mismas. La crisis económica que se originó y los conflictos obreros propiciaron el levantamiento.

El 13 de septiembre de 1923 el capitán general de Cataluña, Miguel Primo de Rivera, dio un golpe de Estado. El gobierno del general Primo de Rivera abrió un periodo marcado por la suspensión de las garantías constitucionales, la prohibición de otras lenguas que no fuesen el castellano, la disolución de las diputaciones provinciales y la censura de prensa. En 1924 fundó la Unión Patriótica, partido único y personalista que sostuvo a la dictadura. Dos meses después del golpe, Melquíades Álvarez y el conde de Romanones, presidentes del Congreso de los Diputados y del Senado, respectivamente, visitaron al rey para recordarle su obligación de convocar Cortes. Alfonso XIII se limitó a darse por enterado.

En mi círculo de amistades, muchas de ellas del Ateneo, se recibió con un enorme desasosiego este nuevo cambio en el país.

Más adelante se creó la Asamblea Nacional, que era un organismo ideado por Primo de Rivera por Real Decreto Ley de 12 de septiembre de 1927. En él se estableció que la Asamblea tendría una doble naturaleza, fiscalizadora y consultiva en la labor del Gobierno y preparatoria de proyectos fundamentales, que habrían de ser objeto de examen por un órgano legislativo al que se accedería por elección, con las máximas garantías de independencia y pureza.

La *Asamblea Nacional finalizó el 6 de julio de 1929. La ambigüedad corporativa de este periodo terminó con las elecciones municipales del 12 de abril de 1931, convocadas por un Gobierno de concentración presidido por el almirante Aznar, que dieron paso a la convocatoria de unas Cortes Constituyentes. Así comenzó la Segunda República.*

La *burguesía catalana recibió el golpe con euforia. La Cámara de Comercio e Industria de Cataluña saludó al dictador "con el mayor entusiasmo", esperando que pusiera fin a un estado de cosas que se consideraba "intolerable". Lo mismo hizo el resto de organizaciones patronales, como el Instituto Agrícola Catalán de San Isidro, que esperaba que se atajaran "las corrientes demoledoras del derecho de propiedad"; y también los partidos políticos catalanes conservadores, como la Lliga Regionalista o la Unión Monárquica Nacional. Esta última se consideraba parte del "movimiento de regeneración", basado en los principios de "patria, monarquía y orden social".*

La *monarquía se había puesto al lado del dictador. Era una dictadura con rey. El espíritu de los intelectuales y las personas que apoyábamos ideas progresistas contemplábamos a la monarquía con el recelo que se merecía».*

Ateneo de Madrid (1922)

«Aquí tengo el carné del Ateneo».

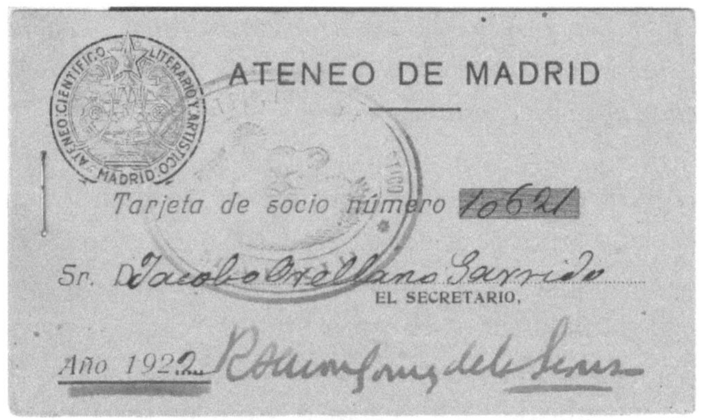

Carné del Ateneo de Madrid. El secretario que lo firma es
don Ramón Gómez de la Serna

«El carné del Ateneo nos proporcionaba una tribuna a los que care-
cíamos de acta de diputado. Allí se reunía toda la clase política e intelectual
de la época y se debatían temas candentes. Manuel Azaña fue secretario
entre 1913 y 1919 y presidente desde el 18 de junio de 1930 al 30 de
mayo de 1932.

Ni que decir tiene que la dictadura de Primo de Rivera fue un gol-
pe para aquella generación del 98 que poseía ideales avanzados y que
aspiraba a un gobierno diferente. Se estaba ya creando el caldo de cultivo
de la Segunda República. Fue un momento crucial para mí tanto en mi
vida profesional como en mis aspiraciones personales.

A raíz de mi ingreso en el Ateneo mi vida cambió. Empecé a sentir un gran interés por todos los acontecimientos políticos. Ahora ya sabía que no solo era fundamental la educación para cambiar un país, sino que era preciso contar con políticos que pudieran propiciar que se considerara a esta como el pilar más importante para la sociedad. Podía escuchar a personas que defendían todo aquello en lo que yo creía en un ambiente que me llenaba de ilusión y esperanza. Fui tentado para entrar en política, pero mis aspiraciones siempre se encontraron en el ámbito de la enseñanza y nunca quise apartarme ni un ápice de mis objetivos».

Un día sacó cantidad de papeles que me quería mostrar. Uno de ellos era el árbol genealógico, el cual se extravió. Debajo de mi mesa de trabajo tengo una caja con numerosos papeles del abuelo y la familia; sin embargo, el árbol no está. Recuerdo que él me iba explicando que el origen se remontaba a Francisco de Orellana, descubridor del Amazonas, y que en un punto estábamos relacionados con la familia Mora y Aragón —en aquellos momentos Fabiola acababa de convertirse en reina de los belgas—. Me enseñó asimismo sus medallas.

A través del casamiento del rey de los belgas con una española se empezó a contemplar en aquel país a los españoles de una forma más amable. En toda Europa se nos consideraba el garbanzo negro, el único país europeo —excluyendo la URSS— con una dictadura y un retraso estructural en todos los aspectos.

Medalla de oficial de academia (palmas académicas) de Francia
y medalla de caballero de la Orden de Leopoldo I de Bélgica

El abuelo se sentía muy orgulloso de sus medallas. En realidad, eran la representación de un honor merecido por muchos años de trabajo y dedicación a la enseñanza. También me mostró alguno de los libros que él había escrito, traducido o en los que había colaborado y una relación que él guardaba de todo lo que se había editado:

1. ***La enseñanza de la palabra a los sordomudos. Articulación-ortofonía-lectura labial-vocabulario***

Autor: Jacobo Orellana Garrido.
Libro impreso.

Idioma: Español (spa).
Editorial: Madrid. Librería de los sucesores de Hernando, 1918.

2. ***Elementos de ortofonía: corrección de los defectos de la palabra***

Autor: A. Herlin, Jacobo Orellana Garrido.
Idioma: Español (spa).
Editorial: Madrid. La Lectura, 1928.

3. ***Reducción de las letras y arte para enseñar a hablar a los mudos***

Autor: Juan Pablo Bonet, Jacobo Orellana Garrido, Lorenzo Gascón Portero.
Libro impreso.
Idioma: Español (spa).
Editorial: Madrid. CEPE, DL 1992.

4. ***Gimnasia racional y juegos para niños normales y anormales***

Autor: Fernando Marquebreucq, Jacobo Orellana Garrido.
Idioma: Español (spa).
Editorial: Madrid. Francisco Beltrán, 1923 (impresión).

5. ***El niño sin defectos (L'enfant sans défauts). Estudio psicológico***

Autor: Gilbert Robin, Jacobo Orellana Garrido.
Idioma: Español (spa).
Editorial: Madrid. Francisco Beltrán, ©1933.

6. ***El desarrollo del niño de dos a siete años. Investigaciones de psicología experimental***

Autor: Alice Descoeudres, Jacobo Orellana Garrido.
Idioma: Español (spa).
Editorial: Madrid. Francisco Beltrán, 1929.

7. ***El método Decroly aplicado a la escuela***

Autor: L. Dalhem.
Idioma: Español (spa).
Editorial: Madrid. La Lectura, 1935 (impresión).

8. ***Educación de los sordomudos, reducción de las letras y arte para enseñar a hablar a los mudos; nueva edición precedida de un estudio crítico biográfico***

Autor: Pablo Juan Bonet, Jacobo Orellana Garrido, Lorenzo Gascón Portero.
Idioma: Español (spa).
Editorial: Madrid. Beltrán, ©1930.

9. ***Psicología aplicada a la educación***
Autor: Ovide Decroly.
Idioma: Español (spa). Traductor: Jacobo Orellana Garrido.
Editorial: Madrid. Francisco Beltrán, ©1934.

10. ***Los débiles mentales: estudio experimental y clínico***
Autor: G. Vermeylen.
Idioma: Español (spa). Traductor: Jacobo Orellana Garrido.
Editorial: Madrid. Hernando, 1926.

Los sordomudos y ciegos siempre estaban presentes en sus temas de conversación. Su vida había sido muy plena porque se había dedicado en cuerpo y alma a su trabajo.

París (1917-1918)
y gripe española

«La Primera Guerra Mundial no había concluido; sin embargo, volví a solicitar una pensión para trasladarme de nuevo a Francia en el curso 1917-1918. La relativa suerte para la población civil es que la guerra se desarrollaba todavía en los campos de batalla y en las poblaciones adyacentes, donde se abastecían los soldados y que servían de apoyo. Allí sí que padecía la población civil las consecuencias de la guerra, pero en París continuaba la vida con bastante normalidad. Por eso me animé a seguir con mi plan de aprendizaje.

Gran Bretaña, Francia, Serbia y la Rusia imperial (a las que más tarde se unieron Italia, Grecia, Portugal, Rumanía y Estados Unidos) lucharon contra las potencias centrales: Alemania, Austria y Hungría (y posteriormente se incorporaron la Turquía otomana y Bulgaria).

El entusiasmo inicial de todas las partes respecto a una victoria rápida y decisiva se desvaneció cuando la guerra se empantanó en un punto muerto de costosas batallas y guerra de trincheras, particularmente en el frente occidental. El sistema de trincheras y fortificaciones en el oeste se extendió en su punto máximo —aproximadamente desde el mar del Norte hasta la frontera suiza— y definió la guerra para la mayoría de los combatientes norteamericanos y de Europa occidental. La vasta extensión del frente oriental impedía una guerra de trincheras a gran escala. También hubo intensos combates en el norte de Italia, en los Balcanes y en la Turquía otomana. Esos combates tuvieron lugar en el mar y, por primera vez, en el aire.

Otra de las novedades de la guerra fue la irrupción de una moderna inteligencia, que trabajaba para las naciones desde la retaguardia, generalmente en los países neutrales. En este sentido, por su importancia geográfica y estratégica, España fue un auténtico nido de espías. Estuvo operando en nuestra nación la famosa espía holandesa Mata Hari y otros menos famosos, pero mucho más eficaces en su labor.

La Primera Guerra Mundial representó una de las guerras más destructivas de la historia moderna. Como consecuencia de las hostilidades se cree que murieron casi diez millones de soldados, cifra que superaba ampliamente la suma de las muertes de militares de todas las guerras de los cien años anteriores. En la medida en que se avanzaba en la investigación y fabricación de material de armamento y este se iba modernizando, el número de muertos crecía.

A las once de la mañana del 11 de noviembre de 1918 cesaron los combates en el frente occidental. La Gran Guerra había llegado a su fin, pero la enorme repercusión del conflicto en las esferas política, económica, social e internacional se sentiría profundamente durante las décadas siguientes.

Al poco tiempo de llegar a París, una nueva noticia internacional resonó en todos los periódicos. Esta vez venía de Rusia: el 24 y el 25 de octubre de 1917, las fuerzas bolcheviques (izquierda socialista) al mando de Vladimir Lenin tomaron los principales edificios del Gobierno y asaltaron el Palacio de Invierno y luego la sede del nuevo Gobierno en la capital de Rusia, Petrogrado (actual San Petersburgo). La Gran Revolución Socialista de Octubre desalojó al Gobierno provisional y finalmente estableció una república socialista soviética bajo la dirección de Lenin. Las radicales reformas sociales, políticas, económicas y agrarias del nuevo Estado Soviético en los años de la posguerra inquietaron a los gobiernos democráticos occidentales, que temían tanto la expansión del comunismo por toda Europa que estuvieron dispuestos a transigir con regímenes de derecha (incluyendo a la Alemania nazi de Adolf Hitler). Su rechazo visceral al comunismo les hizo caer de bruces en el fascismo más atroz. Tenía esperanza de que esa revolución significara la modernización de Europa, una nueva concepción política. Yo había leído El capital, *de Karl Marx, y estaba de acuerdo con muchos puntos del libro. Sin embargo, cuando llegó, en julio de 1918, la noticia del asesinato de toda la familia imperial comencé a cuestionarme sobre las bondades de la revolución.*

Al final de la Gran Guerra la mortalidad de las poblaciones de militares y civiles llegó al punto máximo con el brote de la gripe española, la más mortífera epidemia de toda la historia. Me enteré por las cartas de la abuela, pues la prensa francesa solo hablaba de la contienda. Afortunadamente, no afectó a ningún miembro de la familia directa; sin embargo, en Andalucía no tuvieron la misma suerte. Allí murieron familiares y amigos. Estaba muy preocupado; estas cosas se viven en la distancia con impotencia y angustia. Afectó sobremanera a la población infantil. La llamaron gripe española porque fue el único país que empezó a hablar de ella en sus periódicos.

Los hospitales, al parecer, parecían encontrarse en estado de guerra. Los médicos y enfermeras no podían aguantar la presión de tanto trabajo.

Había enfermos en los pasillos, galerías, salas, incluso en jergones en el suelo. Aunque los epidemiólogos debatían sobre el origen exacto del virus —existía cierto consenso en que era el resultado de la mutación de una cepa aviar originaria de China—, lo que está claro es que este se globalizó gracias al masivo y rápido movimiento de militares por todo el mundo. Se cree que mató entre 1918 y 1920 a más de cuarenta millones de personas en todo el planeta.

La abuela pasó una época muy dura. Se vivieron muchos momentos de angustia, que ella afrontó sola. A mi regreso noté un cambio importante. Si bien era una mujer mucho más entera, percibí un extraño distanciamiento.

Ella recibía una tarde a la semana a sus compañeras de la Escuela Normal y organizaba meriendas, en las que no faltaba el chocolate con bizcochos. Hablaban de los planes de estudios, de los movimientos feministas en el mundo, de literatura, de música y, cómo no, de hijos también. Era su única distracción. El trabajo, el hogar y la atención a los hijos llenaban su día a día».

Intentaba sentir en mi interior cómo era ella. No la pude conocer; murió cuatro años antes de que yo naciera. Mi hermana sí la recuerda. Iban a visitarla a Madrid, donde vivía con Jacobo y Rosita, su mujer. Lo que más le impresionaba era su cabello largo y negro, que conservó sin canas hasta su muerte.

Grabaciones de voz
en la Sorbona

«Los fines de semana en la Sorbona organizábamos actos lúdicos los compañeros pensionados que nos encontrábamos allí. Había compañeras jóvenes, todas ellas solteras. Una vez preparamos y representamos una obra de teatro. Cuando llegó la Navidad no disponíamos de suficientes vacaciones para desplazarnos a España, ni dinero tampoco, así que las pasamos juntos, añorando a los nuestros. Se organizaban meriendas, canciones, poesía y representaciones teatrales. Habíamos formado como una familia, todos maestros, todos con los mismos propósitos de aprender para mejorar el sistema educativo en España. Éramos la gran familia de pensionados españoles».

Es curioso, porque me puse en contacto con el sacerdote don Antonio Espejo Zamora pensando que era un familiar, dado que en su blog aparecía mucha información sobre la familia Orellana. Yo sabía que el abuelo tenía sobrinos con el apellido Espejo. No teníamos ningún grado de parentesco, pero muy amablemente me proporcionó los enlaces para localizar en la Biblioteca Nacional de París una corta grabación de voz del abuelo cantando y un diálogo en una representación teatral. Se encuentran en los archivos de voz de la Sorbona. Ese día sentí una emoción increíble al poder escuchar su voz después de tantos años transcurridos.[5]

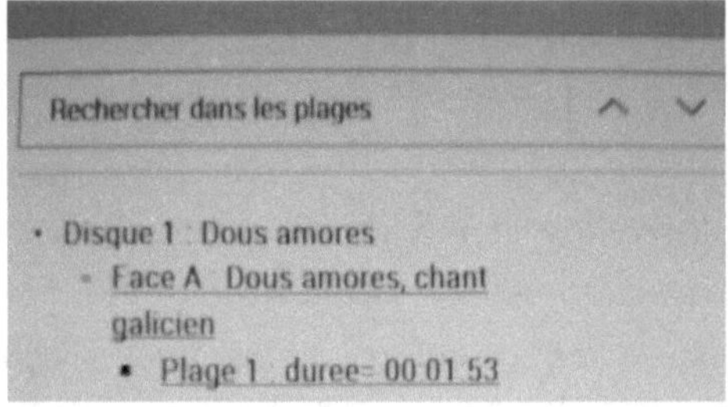

Grabación de un fragmento de una obra de teatro, *Quién supiera escribir*

Grabación de un ensayo de una obra de teatro. Figura el apellido Arcallana por error

5 https://gallica.bnf.fr/ark:/12148/bpt6k128136g.r=Jacobo%20Orellana%20Garrido?rk=21459;2 (p.v. 20/10/2018).
https://gallica.bnf.fr/ark:/12148/bpt6k128188z.r=%22jacobo%20orellana%22?rk=42918;4 (p.v. 20/10/2018).

Grabación de una canción cantada por el abuelo.
Figura el apellido Arellana por error

Datos de Jacobo Orellana Garrido. La Sorbona, París.
Biblioteca Nacional de Francia

Contactos con la monarquía (1916)

El abuelo era republicano de convicción. Un día me contó cómo había salvado una situación que en principio parecía complicada.

«En el verano de 1916, un año después de regresar de París, el jefe de estudios de la familia real me llamó a palacio. La llamada tenía que ver con don Jaime de Borbón y Battenberg, que contaba seis años de edad. Se había quedado sordo a los cuatro debido a una enfermedad. Yo había sido elegido para darle clases al infante.

Llegué a casa consternado. Mi vocación me llevaba a rechazar esta proposición. ¿Cómo iba a compaginar toda la labor que desarrollaba en el Colegio de Sordomudos y las clases en palacio? ¿Dónde irían a parar todos mis proyectos de continuar mi aprendizaje en el extranjero? Me veía en una situación que me colocaba entre la espada y la pared.

La sensatez me aconsejó aceptar la propuesta. Iba a palacio todos los días y pedí una excedencia en el colegio. Conocía a una monja que estaba desarrollando una labor muy interesante relacionada con la educación de sordomudos. Tuve una entrevista con ella y quedé convencido de que podría desempeñar perfectamente el papel de educadora del infante. Además, la reina, que había abrazado la religión católica con motivo de su matrimonio, era una mujer religiosa y estaba convencido de que se sentiría muy satisfecha con la elección. Hay que tener presente que en aquellos momentos la educación privada estaba totalmente dirigida por religiosos.

Me las ingenié para convencer al jefe de estudios, le presenté a la monja y conseguí salir airoso. A los dos meses me reincorporaba de nuevo a mi trabajo. Fue una operación de encaje de bolillos, que afortunadamente acabó bien para mí».

Leandro y la
fotografía (1953)

Cada día una nueva historia. Me enseñó todas las fotos que tenía guardadas. Muchas de ellas las había hecho Leandro en Bruselas. Él era un gran aficionado a la fotografía. Cambiaba de cámara bastante a menudo y las viejas se las iba enviando a mi padre. Buscando datos en internet me encontré con un álbum de 1953 en el que colaboraba Leandro. Fue una gran sorpresa. Se encuentra en un anticuario y su valor actual es de mil euros.[6]

Entre un montón de fotos se encontraban las que me había hecho mi padre con mi primo Diego hacía tres años. El abuelo

____

6 https://www.todocoleccion.net/libros/manual-fotografia-gevaert-h-craeybeckx-leandro-orellana-moreno-1953~x57541171 (p.v.7-11-2019)

tenía la ilusión de que me hiciera fotos disfrazada de flamenca junto a mi primo y, aprovechando su estancia en Barcelona para ir a Mallorca, mi padre las realizó. Aquellas fotos nos las hizo en el Pueblo Español. Estaba lleno de turistas, que a su vez querían fotografiarme. Ni que decir tiene la vergüenza que pasé. Estaba deseando llegar a casa y quitarme el vestido, el moño, las peinetas y los zapatos. Creo que desde aquel día cogí verdadera aversión a disfrazarme.

Bruselas, Londres y
Helen Keller (1924-1925)

«En 1924 conseguí de nuevo la "consideración de pensionado" para poder asistir a la quincena pedagógica, que se celebró en Bruselas, con objeto de estudiar las cuestiones referentes a la ortofonía y perturbaciones de la palabra. También en 1925 fui comisionado para asistir al Congreso Internacional de Maestros de Sordomudos, que se celebró en Londres bajo la protección del gobierno británico. El marqués de Retortillo escribía así al señor Castillejo a propósito de mi selección para asistir al congreso:

"Le agradezco mucho su amable carta de ayer y la atención que han tenido ustedes conmigo al consultarme. Coincido con ustedes en que el señor Orellana es un profesor competente y bien preparado para las cuestiones que han de tratarse en el próximo Congreso de Londres".

La Junta para la Ampliación de Estudios e Investigaciones Científicas (JAE) me concedió una beca por dos meses para que asistiera al Congreso de Londres y para que, además, visitara los centros. Me interesaba especialmente la metodología del doctor Decroly, que se estaba ensayando por aquellos años en las escuelas de sordomudos y que había sido introducida por Mr. Herlin.

Ovide Decroly, a quien pude conocer en Bruselas, dedicó parte de su vida a la reeducación de niños con retraso mental. En 1901 fundó en su propia casa, en Bruselas, el centro educativo École d'Enseignement Spécial pour Enfants Irreguliers. En 1907 creó en Ixelles la institución École de l'Ermitage, donde aplicó los métodos y materiales anteriormente experimentados con niños que él llamaba "irregulares", esta vez con niños de "inteligencia normal". Esta escuela estuvo dedicada en un principio solo al ciclo elemental, pero después se fue ampliando para constituirse también como escuela maternal, secundaria, elemental y superior. En el año 1920 fue nombrado profesor de Psicología y de Higiene Educativa de la Universidad de Bruselas. Allí pude asistir a sus clases, que suponían una importante innovación pedagógica. Mr. Herlin acopló con mucho éxito la metodología de Decroly a la enseñanza de sordomudos; estuve en sus clases aprendiendo todo lo que él aportaba a este nuevo sistema de enseñanza.

En uno de mis viajes tuve la oportunidad de conocer a Helen Keller y a su profesora Anne Sullivan. La incapacidad de Helen para comunicarse desde temprana edad fue muy traumática tanto para ella como para su familia, por lo que estuvo prácticamente incontrolable durante un tiempo. La tenían que encerrar, cometía actos autodestructivos y gritaba; se encontraba en un estado casi salvaje. Helen era sordociega.

Cuando cumplió siete años, sus padres decidieron buscar una instructora y fue así como el Instituto Perkins para ciegos les envió a una joven especialista, Anne Sullivan, que se encargó de su formación y logró un avance en la educación especial. Helen continuó viviendo a su lado hasta que Anne murió en 1936.

Anne pudo enseñar a Helen a pensar inteligiblemente y a hablar, usando el método Tadoma: tocando los labios de otros mientras hablan, sintiendo las vibraciones y deletreando los caracteres alfabéticos en la palma de la mano de Helen, quien también aprendió a leer francés, alemán, griego y latín en braille.

Helen se convirtió, con una tremenda fuerza de voluntad, en una oradora y autora mundialmente famosa. Estableció la lucha por los sensorialmente discapacitados del mundo como la meta de su vida. En 1915 fundó Helen Keller International, una organización sin fines de lucro para la prevención y tratamiento de la ceguera. Helen y Anne Sullivan viajaron a más de 39 países e hicieron varios viajes a Japón. Conoció a numerosos presidentes estadounidenses, desde Grover Cleveland hasta John F. Kennedy, y fue amiga de varios personajes famosos, incluyendo a Alexander Graham Bell, Charlie Chaplin y Mark Twain.

Después de graduarse en la escuela secundaria en Cambridge, Helen ingresó en el Radcliffe College, donde recibió una licenciatura, convirtiéndose así en la primera persona sordociega en obtener un título universitario. Durante su juventud comenzó a apoyar al socialismo y en 1905 se unió formalmente al Partido Socialista. A lo largo de toda su vida redactó múltiples artículos y más de una docena de libros sobre sus experiencias y modos de entender la vida.

Era una mujer bella y sensible. Fui consciente de que su trayectoria había sido una aportación muy rica para la humanidad y me di cuenta de lo importante que podía ser mi labor, que todo esfuerzo iba a ser insuficiente. Era trascendental que pusiera todo mi empeño y voluntad en mi trabajo.

A los sordomudos, y ya no digo a los sordomudos ciegos, se les consideraba personas deficientes. Si los padres tenían posibilidades económicas intentaban que de alguna forma recibieran educación. Sin embargo, a los que tenían la desgracia de nacer en una familia humilde se les negaba todo derecho a integrarse en la sociedad. Era sobre todo a estos últimos a los que yo deseaba ayudar como fuera. De ahí que uno de mis principales objetivos fuera localizar mecenas que pudieran ayudarme económicamente.

No era suficiente que se comunicaran a través de los alfabetos manuales. Para que todo el mundo pudiera comunicarse con ellos era imprescindible que pudieran hablar y aprendieran a leer en los labios de sus interlocutores. Ese fue el "gran trabajo de mi vida", el que me hacía levantar cada mañana y emprender con energías renovadas mi labor diaria. Todas las investigaciones eran pocas; todos los esfuerzos, escasos. Esos pobres niños abandonados a su suerte… Les había tocado nacer en un mundo en el que se les cerraban todas las puertas. Había que ayudarles con todos los medios posibles a que pudieran ser seres adultos con todos los derechos. Sacrifiqué mi vida familiar y otras aspiraciones —por ejemplo, políticas— para que no me restaran ni un minuto de mi tiempo para sacar mi proyecto adelante.

La sociedad estaba cerrada totalmente al intento de entender el sufrimiento de los sordos y los sordociegos y no había una voluntad de interpretar su lenguaje. Reconciliarse con la vida era el primer paso para la curación de su alma, lograr llegar a su miedo interior, el miedo a la derrota en sus intentos de hablar. El primer paso siempre era ganar su confianza. Por eso fue fundamental para mí estudiar Psicología. La empatía era esencial: cerrar los ojos, taparme los oídos y situarme ante su silencio y oscuridad».

94

A pesar de que yo era una chica adolescente que estaba bastante ocupada en intentar entender mis propias contradicciones, tenía la sensación de que todo lo que el abuelo relataba era de una importancia extraordinaria. Años más tarde pude ver la película *El milagro de Ana Sullivan* (1962), que narra esta historia. Con guion de William Gibson y dirigida por Arthur Penn, recibió numerosos premios, entre ellos el Óscar a la mejor actriz, Anne Brancroft interpretando a Anne Sullivan; y a la mejor actriz de reparto, Patty Duke dando vida a Helen Keller.

Nombramiento como director del colegio de sordomudos (1933)

«En 1933 me nombraron director del Colegio de Sordomudos. Para ello se constituyó un tribunal, formado por tres miembros del Consejo Nacional de Cultura y presidido por don Miguel de Unamuno. Tras el proceso oportuno, se elevó al Ministerio de Instrucción Pública la propuesta de mi candidatura. Yo conocí a don Miguel en el Ateneo y tenía bastante relación con él».

Hace unos años, con motivo del casamiento de mi hija Laura, he tenido la oportunidad de conocer y emparentar con Teresa Marín Eced, catedrática de Pedagogía de la Universidad de Castilla-La Mancha, que, entre otros, publicó *Innovadores de la educación en España*. En este libro dedica un capítulo al abuelo y a todo su historial de investigación y estudios en el extranjero. Este libro me ha ayudado mucho a recordar toda la andadura del abuelo fuera de España.

«Cuando tu padre y Jacobo tuvieron la edad suficiente para venir, les busqué hogares en París y Bruselas para que pasaran sus vacaciones conmigo y practicaran el francés. Ellos habían estudiado en el Liceo Francés y su nivel era muy bueno, pero la práctica del idioma en el país era fundamental. Mientras yo trabajaba, ellos se dedicaban a divertirse y a practicar hablando con sus respectivos anfitriones. Posteriormente vinieron Daniel y Leandro».

Mi padre recordaba aquella época con una sensación de libertad y felicidad. Más adelante, al disponer de un salario, se podían permitir ciertas licencias: iban a esquiar a la sierra chicos y chicas, tenían un grupo de amigos de ambos sexos, salían a bailar, al teatro, de excursión… Antes de la guerra las mujeres que habían podido acceder a estudios y trabajo gozaban de una libertad que el nacionalcatolicismo se encargó de defenestrar.

Mi padre y Jacobo acompañaban algunas veces a su padre al extranjero. Otras iban con su madre y los pequeños a Santander. Disfrutaban de los bailes del casino, donde las chicas salían solas hasta las doce de la noche. Más tarde, como contaba el abuelo, Daniel y Leandro también viajaron a París y Bruselas para practicar el francés.

Daniel me contó que en una ocasión fue a visitar a la familia, tíos y primos que vivían en Granada. Él simpatizó con una prima, pero era imposible poder hablar con ella a solas. No le permitían salir si no era acompañada ni estar en una habitación charlando con él si no había otro miembro de la familia presente. Quedó realmente traumatizado. Era increíble la diferencia entre el norte, incluido Madrid, y el sur. Las chicas en Santander y San Sebastián con sus vestidos escotados y cortos, procedentes todavía de la moda charlestón, y en Andalucía con las faldas hasta media pierna y los brazos cubiertos.

«Para las mujeres empezaban a cambiar las cosas. El 8 de marzo de 1910 la Gaceta de Madrid publicó una Real Orden del Ministerio de Instrucción Pública, que dirigía entonces el conde de Romanones,

permitiendo por primera vez la matriculación de alumnas en todos los establecimientos docentes. Esta orden derogaba otra Real Orden, del 11 de junio de 1888, que admitía la entrada de mujeres en la universidad como estudiantes privadas, pero requería la autorización del Consejo de Ministros para su inscripción como alumnas oficiales. Este importante hito en el avance hacia la igualdad fue posible por la tenacidad y decisión de algunas mujeres, que decidieron rebelarse contra regulaciones injustas que impedían su acceso al conocimiento y su pleno desarrollo como seres humanos. Entre ellas se encontraban Concepción Arenal y María Elena Maseras.

Tu abuela comentaba entusiasmada esta noticia. Ella y sus amigas y compañeras estaban muy concienciadas de la necesidad de que las mujeres se incorporaran a la sociedad con todos los derechos y en las mismas condiciones que los hombres. Yo compartía plenamente su entusiasmo. Si queríamos que España se modernizara, tenía que hacerlo contando con la aportación de las mujeres».

La Masonería

«Te dije que empecé a tener amigos masones. Sentía mucha curiosidad en aquel momento por la masonería. Tanto en el Ateneo como en política y ejerciendo como colaboradores de la Institución Libre de Enseñanza había cantidad de personas que yo conocía que pertenecían a alguna logia.

La palabra masón tiene su origen en maçon, *palabra francesa que significa albañil constructor. En este caso, constructor de catedrales. Se organizaban por logias, en las que había un maestro constructor, cuyo papel era equivalente al de los arquitectos. El maestro de obras debía ser experto en la organización del trabajo, pues a menudo tenía que dirigir equipos de trabajadores muy amplios. En la construcción de una catedral participaban unas trescientas personas de diversos oficios y se sabe de casos en que los obreros superaron el millar. El trabajo tenía que estar bien coordinado y dirigido para evitar que se retrasaran o interrumpieran las obras. Asimismo, el maestro de obras debía tener conocimientos muy variados para dirigir y, en su caso, corregir a carpinteros, escultores, vidrieros, pintores, incluso herreros. También debía tener conocimientos de economía para evitar el colapso de los trabajos por una mala planificación.*

El masón era un trabajador libre o franco; de ahí el término francés francmaçon *o, en inglés,* freemason. *Su carrera profesional comenzaba como aprendiz, a los trece o catorce años. Se le encomendaban los trabajos más sencillos bajo la supervisión de expertos. Tras unos cinco años, siempre que demostrara buenas maneras en su oficio, se convertía en oficial, título que otorgaba el maestro. En ese momento, a los diecinueve o veinte años, ya podía llevar a cabo trabajos especializados, bien como cantero o bien como escultor, si tenía la habilidad requerida. Su prestigio se reflejaba en el hábito de firmar sus sillares con signos específicos —las marcas de cantero—, cuyo significado sigue debatiéndose entre los historiadores. Un maestro constructor era una especie de mago, un alquimista capaz de emplear materiales cotidianos y simples para construir a partir de ellos una obra celestial y extraordinaria.*

El maçon *miraba al cielo y quería elevar su obra al Gran Arquitecto del Universo. Sabía que posiblemente no vería el final, pues podía durar más de trescientos años, pero iban pasando a sus sucesores los secretos aprendidos en su logia. De ahí vienen los misterios que se iban transmitiendo de maestro a maestro. Había un componente espiritual muy grande, que acompañaba las manos de artistas de todos los gremios, que se remontaba a las antiguas enseñanzas religiosas y bíblicas para poder realizar su obra.*

En el siglo XVIII la masonería pasó de ser operativa a ser especulativa, esto es, se empezaron a utilizar las herramientas como símbolos y a buscar un origen místico, remontándose a la historia antigua».

Era mucho lo que me iba contando el abuelo y yo he tenido que leer varios libros acerca de la masonería para poder hacer un resumen lo más exacto posible de aquello que recordaba sin la precisión necesaria. Más adelante, se podrá ver en el desarrollo de los acontecimientos, porqué ha sido importante para mí indagar sobre esta e intentar comprender su relevancia en el momento histórico en el que vivió el abuelo.

«Todas las civilizaciones han contado siempre con organizaciones iniciáticas, en el seno de las cuales, por medio de un ritual, se transmitía un don, una luz y una enseñanza sagrada reservada únicamente a los iniciados.

En nuestra civilización occidental encontramos los orígenes de esta tradición en Mesopotamia y Egipto, donde hace más de 4.000 años ya existían manifestaciones muy bien estructuradas, formal y doctrinalmente, de escuelas de sabiduría ligadas estrechamente a las castas sacerdotales, que eran la élite espiritual y cultural de la Antigüedad.

Aunque los textos que quedan hoy en día de aquellas realidades iniciáticas son muy fragmentarios y no siempre de fácil comprensión, al parecer hay pruebas suficientes para poder entrever que muchos elementos fundamentales de la actual masonería están presentes en las tablillas mesopotámicas y en todos los códices más antiguos de esta zona del mundo.

Entre ellos debe citarse en primer lugar el llamado poema épico de Gilgamesh. El núcleo sentimental del poema se encuentra en el duelo de Gilgamesh tras la muerte de su amigo. Los críticos consideran que es la primera obra literaria que hace énfasis en la mortalidad humana frente a la inmortalidad de los dioses. El poema incluye una versión del mito mesopotámico del diluvio. La tablilla sobre el diluvio de la epopeya de Gilgamesh, escrita en acadio, se encuentra en el Museo Británico.

En un pasaje de este libro iniciático se dice: "Que el conocedor lo haga saber al conocedor, pero aquel que no conoce que no lea esto". O este otro: "Las palabras que te digo guárdalas para ti mismo".

No cabe duda de que el tema de la palabra secreta es significativo para los masones de todos los tiempos. De Sumeria nos ha llegado un texto con más de 4.000 años de antigüedad en el que se explican los trabajos del buen pastor Judea, quien recibe en sueños el encargo divino de construir el templo de Eninnu. El buen pastor Judea es llamado "aquel que conoce la Palabra".

Una vez construido el templo, se accede a la edad de la concordia, la ciudad es purificada, los impuros y recelosos son expulsados de ella y las "palabras rudas" son prohibidas. El "huérfano no fue entregado al rico" ni "la viuda entregada al poderoso".[7] En otro lugar se dice que, en realidad, el templo Eninnu ha sido "reconstruido".

En el panteón sumerio, Enki, el dios de la tierra y el sub-suelo, es llamado "rey de la palabra fija", detenta la sabiduría y las operaciones mágicas. Este dios de la palabra es terrestre, lo cual concuerda con toda la tradición hermética e iniciática, puesto que el cielo no habla; es el hombre regenerado quien

---

7 Ley que dictó Ur-Nammu cuando era rey, alrededor del año 2010 a. C.

posee el verbo creador, la palabra "fija", esa palabra perdida que algunos masones han encontrado a lo largo de los tiempos».[8]

Actualmente esa palabra o palabras se van transmitiendo de maestro a maestro en las logias y siguen siendo secretas.

«La himnología más antigua es la sumeria, con lo cual puede verse cuán antiguas son las enseñanzas de la Orden Masónica».[9]

«Hacia el año 516 a. C. Ciro, rey de Persia, fue inspirado por el Señor y liberó a los israelitas cautivos en Babilonia; entonces Zorobabel, rey de Israel, reconstruyó el Templo de Jerusalén, que Nabucodonosor había destruido setenta años antes. En la organización de tal empresa le ayudaron el profeta Ageo y el sumo sacerdote Josué ben Josadac. Rey, profeta y sacerdote: los tres oficios de Dios. No solo construyeron un edificio material a la gloria del Altísimo, con la llana en una mano y la espada en la otra; sino también una sociedad, el

8 Hiram Abiff fue el maestro de obras del Templo de Salomón, construido alrededor del año 988 a. C. Fue asesinado por tres compañeros, que le instaban a revelarles un secreto masónico. La palabra perdida se presenta como una consecuencia de la muerte de Hiram cuando, según la leyenda, esa palabra perdida estaba en posesión de los «tres primeros grandes maestros»: Salomón, Hiram, rey de Tiro, e Hiram-Abiff; pero para comunicarla regularmente y en forma ritual se necesitaba el concurso de todos, de tal manera que la ausencia o desaparición de uno solo de ellos hacía imposible esta comunicación. Por orden del propio rey Salomón la sustituyeron por otras palabras provisionales y signos «casuales» existentes en el año 988 a. C.
9 *La masonería abre sus puertas. Instituto Masónico de España.* Ed. Atanor (págs. 54-55). Editado en Madrid el 1-1-2012.

pueblo de Israel, que regresó de su deportación y recuperó su identidad nacional y su orgullo.

La Edad Media fue un intento de construir una cristiandad, una sociedad paneuropea regida por el emperador y el papa. Probablemente el exceso de ingredientes imperiales y de la clerecía no pudieron superar la falta de carisma profético y finalmente aquel proyecto colapsó. Pero las sucursales de la sede pontificia se multiplicaron en forma de catedrales y el trono de San Pedro tuvo su réplica en las cátedras locales de los obispos.

Los masones se afanaron en tal construcción a su imagen y semejanza y también hicieron la réplica del trono de Salomón en las sillas donde se colocaron los Venerables Maestros de las logias, aun sabiendo que el mejor Venerable es aquel que, por su transparencia e invisibilidad, no obstaculiza el paso de la Luz procedente de la que del Oriente viene. Cantaron el *Gloria al trabajo* y se ofrecieron como piedras vivas para formar un templo hecho de carne y espíritu humanos, cuyo símbolo era un edificio magnífico».[10]

Al igual que entonces se construían las catedrales, los masones pasaron a cultivar su espíritu utilizando como símbolos los elementos utilizados.

---

10 *La masonería abres sus puertas. Instituto Masónico de España.* Ed. Atanor (págs. 80-8)1. Editado en Madrid el 1-1-2012.

«Contra el horizonte se recorta el perfil de la catedral, sus altos pináculos elevan nuestra vista a los cielos, mansión del Espíritu, su firme base nos muestra las raíces terrenales con las que extraemos los nutrientes de los cuatro elementos. Uno y cuatro, como el pulgar y los restantes dedos de la mano de un cantero».[11]

En este escrito ya se percibe el traspaso del oficio de *maçon* al masón espiritual. La masonería se consideró un espacio humano donde se realizaba una reflexión sobre cualquier temática relevante conforme a una metodología particular, basada en su mayoría sobre elementos tomados del mundo de la construcción. Siguiendo la organización de aquellos constructores, la masonería se estructura en grados y los principales son tres: aprendiz, compañero y maestro.

En las logias en las que se reunían se seguían unos rituales de iniciación, en los que había un místico significado oculto. A continuación se relacionan una serie de esos elementos simbólicos utilizados por los masones:

«La letra G tiene el valor numérico de 3 y es un número al que se hace referencia históricamente al hablar de Dios. También, relacionado con lo religioso, el ojo masónico simboliza el ojo de Dios, su presencia divina y su preocupación por el universo. Es conocido también como "el ojo que todo lo ve".

---

11 *La masonería abres sus puertas. Instituto Masónico de España.* Ed. Atanor (pág. 81). Editado en Madrid el 1-1-2012.

La estrella o pentagrama es un símbolo antiguo, que se dice que representa los elementos de agua, aire, fuego, tierra, y, como último elemento, la idea.

El mallete o mazo en el grado de aprendiz representa el rayo que manifiesta la potencia del relámpago transformador sobre el eje cortante, que es el cincel. Ambas herramientas van juntas en este grado y simbolizan la fuerza separatriz que se ejerce sobre la piedra para que tome la forma que le quiere dar el espíritu, igual que la logia desbroza y "talla" al iniciado».[12]

«El mallete y el cincel son las herramientas más características del aprendiz masón. De ellas se sirve este para desbastar y pulir la piedra bruta, que simboliza a su propia conciencia sometida aún a las influencias negativas del mundo profano, del que el aprendiz procede y al que tiene que abandonar y superar en su intento de ir "de las tinieblas a la luz", del caos al orden.

Fundamentalmente, el mazo y el cincel simbolizan la energía activa de la voluntad y la justa o recta intención, respectivamente, con el cincel de la diligencia, impulsado por el mazo en un ejercicio de cada momento, pues dicha separación constituye la premisa fundamental a cumplir en las primeras etapas del proceso iniciático.[13]

---

12 https://glgde.com/masoneria/diccionario-mason/ Gran Logia de España. (p.v. 17-10-2018).
13 https://es.scribd.com/doc/31749980/Dicccionario-Simbolico-de-La-Masoneria (p.v. 18-10-2018).

Nivel y plomada. El nivel simboliza que el tiempo pasa igualmente para todos los hombres y que todos estamos viajando en el nivel del tiempo. También significa un símbolo de equilibrio. La plomada simboliza que hay que vivir la vida con rectitud, integridad y justicia.

La procedencia del mandil data de hace más de 3.000 años. En las iniciaciones esenias, griegas y egipcias se ha utilizado el mandil blanco de una u otra forma y ha pasado de la masonería operativa, donde se utilizaba durante la construcción de edificios, monumentos, templos y demás construcciones de arte en materia de arquitectura, a la masonería especulativa debido a la importancia de su simbolismo (perseverancia, constancia y firmeza).

La costumbre de presentar un par de guantes blancos al neófito a la conclusión de la ceremonia de su iniciación, tiene una larga tradición histórica, hallándose registrada desde el siglo X. Una crónica relata que en el año 960 los monjes del monasterio de Saint-Alban, en Mainz (Alemania), presentaron un par de guantes al obispo en su investidura. La oración pronunciada durante la ceremonia incluía una frase implorando a Dios que vista con pureza las manos del siervo».[14]

El abuelo me dijo que hubo muchos masones ilustres en la historia y gran cantidad de ellos fueron perseguidos por sus ideas avanzadas. El gran empeño era buscar soluciones para la huma-

---

14 https://www.diariomasonico.com/planchas/guantes-masonicos (p.v.18-10-201).

nidad y vivir con un sentido de libertad, fraternidad e igualdad. En España y Alemania se mató en la guerra a miles de masones. Por ese motivo me indicó que todo aquello que me relataba era mejor que no lo comentara nunca.

«Aquí tengo un documento masónico, que es como un código de comportamiento. A mí, a medida que iba conociendo más cosas sobre la masonería, me parecía que era un mundo espiritual que podía aportar mucho a la humanidad. Sobre todo conceptos para una sociedad renovada y moderna.

Son conocidos grandes hombres masones como George Washington, primer presidente de los Estados Unidos, así como vicepresidentes. La primera constitución americana, uno de cuyos padres fue Thomas Jefferson —asimismo masón—, estaba basada en principios masónicos. Las palabras libertad, igualdad y fraternidad, símbolos de la Revolución francesa, son de origen masón. Entre los compositores encontramos a Mozart. Incluso papas y algunos miembros de las iglesias católica y protestante fueron masones. Khalil Gibran, poeta líbano-estadounidense, autor de El Profeta, *que ha sido uno de los libros espirituales de mayor alcance en el mundo, era asimismo masón. En España también había mujeres masonas como Victoria Kent, Clara Campoamor y Carmen de Burgos.*

Es fundamental destacar a un masón cuya labor fue muy relevante por crear organismos que han sido importantísimos para la humanidad. Se trata de Jean-Henry Dunant, nacido el 8 de mayo de 1828 en Ginebra».

«Henri Dunant dedicó su vida y su fortuna a conseguir
la adopción de medidas para mitigar la crueldad de la guerra.

A él se debe la Convención de Ginebra, de la que salió el acuerdo de fundar la Cruz Roja Internacional. Aunque no hay constancia documental de que de Henri Dunant fuera masón, una tradición mantenida fielmente hasta hoy en día lo considera como tal. Su pertenencia a una logia no está probada, aunque el Boletín Oficial del Supremo Consejo del Grado 33 lo incluya entre los masones que tuvieron el Premio Nobel, casi todos de la Paz. La Cruz Roja, nacida cuando este suizo vio la hecatombe de la batalla de Solferino, ideó la Convención de Ginebra, a la que la Cruz Roja está asociada. Formó su primer gobierno con el "Comité de los Cinco", cuyos otros cuatro miembros, Gustave Moyier, el general Dufour, y los médicos Appia y Maunoir, sí que lo eran con toda certeza.

Otras instituciones supranacionales como los Boy Scouts, los Juegos Olímpicos, la Conferencia de Paz de La Haya, la Sociedad de Naciones, la Primera Internacional, la ONU, etc., tradicionalmente se vienen vinculando a la masonería, en unos casos con más acierto y fidelidad histórica que en otros. Así, por ejemplo, consta la activa participación de masones —y masones cualificados— en el apoyo a las Conferencias de Paz de La Haya, a la Sociedad de Naciones y a la Primera Internacional, siendo menos claro —al menos en su fundación— el caso de los Boy Scouts, los Juegos Olímpicos y la ONU, si bien en todos los casos el ideario que impregna todas estas instituciones está basado en el mismo que desde sus orígenes defiende la masonería universal, es decir, en la fraternidad entre los pueblos por encima de razas, naciones y creencias religiosas, el pacifismo a ultranza, la universalidad y defensa de los derechos del hombre, del ciudadano y de los pueblos; la igualdad social y la defensa del oprimido, perseguido y encarcelado; la libertad, base indispensable de la convivencia fraternal; la justicia sin paliativos; la formación integral del hombre y, finalmente, el antibelicismo, que permita llegar a través del desarme y el arbitraje internacional a esa paz».[15]

El abuelo me habló también de las *Constituciones de Anderson*. También he tenido que acudir a distintos libros para hacer un resumen que pueda aportar una idea general de lo que representan.

Las *Constituciones de Anderson* son el documento fundacional por excelencia de la masonería en un volumen único, indispensable en toda biblioteca masónica. Redactadas en 1721 por el pastor James Anderson y por Jean Théophile Désaguliers a petición del gran maestro de la Gran Logia de Inglaterra, el duque de Montagu, y publicadas en 1723, las *Constituciones de Anderson* —en un principio conocidas como *Manuscrito Anderson*— marcan el punto de partida de la actual masonería especulativa al establecerse en ellas por primera vez la condición de masón especulativo. Las *Constituciones de Anderson* están consideradas como las constituciones oficiales de la masonería regular o anglosajona. Se trata de un documento completamente nuevo, es decir, no se limita a recoger los textos de otros manuscritos más antiguos. El

---

15 https://www2.uned.es/dpto-hdi/museovirtualhistoriamasoneria/8fraternidad_masonica/m%20y%20cruz%20roja.htm (p.v.16-09-2019). Artículo basado en un extracto de *La masonería*, de José Antonio Ferrer Benimeli (Madrid, 2001. Págs.139-141).

texto, realmente el documento más importante de la masonería, remonta los inicios de esta al instante mismo de la creación, con Adán como primer masón. Aquí encontramos por primera vez el término Gran Arquitecto del Universo para referirse al Ser Supremo o Creador.

Así empiezan las *Constituciones de Anderson*:

I – EN LO QUE SE REFIERE A DIOS Y A LA RELIGIÓN

El masón está obligado, por vocación, a practicar la moral y si comprende sus deberes nunca se convertirá en un estúpido ateo ni en un hombre inmoral. Aun cuando en los tiempos antiguos los masones estaban obligados a practicar la religión que se observaba en los países donde habitaban, hoy se ha creído más oportuno no imponerles otra religión que aquella en que todos los hombres están de acuerdo y dejarles completa libertad respecto a sus opiniones personales. Esta religión consiste en ser hombres buenos y leales, es decir, hombres de honor y de probidad, cualquiera que sea la diferencia de sus nombres o de sus convicciones. De este modo la masonería se convertirá en un centro de unidad y es el medio de establecer relaciones amistosas entre gentes que, fuera de ella, hubieran permanecido separadas entre sí.

II – DE LA AUTORIDAD CIVIL, SUPERIOR E INFERIOR

El masón debe ser una persona tranquila, sometida a las leyes del país donde esté establecido y no debe tomar parte ni dejarse arrastrar en los motines o conspiraciones fraguadas contra la paz y contra la prosperidad del pueblo ni mostrarse rebelde a la autoridad inferior, porque la guerra, la efusión de la sangre y los trastornos han sido siempre funestos para la masonería. Así es que en la antigüedad los reyes y los príncipes se mostraron muy bien dispuestos para con la sociedad, por la sumisión y la fidelidad de que los masones dieron constantemente pruebas en el cumplimiento de sus deberes de ciudadano y en su firmeza para oponer su conducta digna a las calumnias y acusaciones de sus adversarios; esos mismos reyes y príncipes no se desdeñaron de proteger a los miembros de la corporación y de defender el honor de la misma, que siempre prosperó en los tiempos de paz. Siguiendo esas doctrinas, si algún hermano se convertía en perturbador del orden público, ninguno debía ayudarle en la realización de sus propósitos y, por el contrario, debía ser compadecido como un ser desgraciado. Pero por este solo hecho y aun cuando la cofradía condenase su rebelión para evitarse el dar al Gobierno motivo alguno de sospecha o de descontento, siempre que el rebelde no pudiese ser censurado de otro crimen no podía ser excluido de la logia, permaneciendo inviolables sus relaciones con esta y los derechos de que como masón gozaba.

Resulta significativo el mensaje que, con motivo de la proclamación de la Segunda República, publicó el Supremo Consejo del Grado 33, siempre más cauto y ortodoxo en lo referido a cuestiones políticas:

«La República es nuestro patrimonio. (…) Nuestra misión es conservar la República limpia de todas las mezquindades partidistas. (…) Nada de política en los templos, hoy menos que nunca. (…) Si acertamos a sentirnos verdaderos francmasones, antes que nada y por encima de todo, la República estará asegurada. Esta será nuestra gran obra.

Los demagogos saben que la gran masa es ingenua e infantil. (…) Hay que vigilar todos esos hombres peligrosos, que a título de izquierdistas, revolucionarios, de "rojos", solo servirán la causa del desorden y de la violencia, exponiéndonos al peligro de reacciones sociales que sumirán al país en una verdadera guerra civil».[16]

Desgraciadamente, estas palabras resultaron proféticas, pues los dirigentes más moderados de la Orden no consiguieron apagar las llamas de las luchas políticas en el seno de las logias. Sin embargo, la captación de políticos durante la etapa anterior había dado sus frutos, pues en las Cortes Constituyentes había más de cien diputados pertenecientes a la masonería o que posteriormente ingresarían en la Orden, la

---

16 *Boletín Oficial del Supremo Consejo del Grado 33*, nº 396. Madrid, junio de 1931 (págs. 1-3).

mayoría del Gran Oriente Español. Seis ministros del primer Gobierno eran hermanos.[17]

«En las logias, cuando se reúnen los hermanos, se practican distintos ritos simbólicos, cuya finalidad es conducirles a un estado de profundidad espiritual que les transporta a sensaciones individuales de gran relevancia».

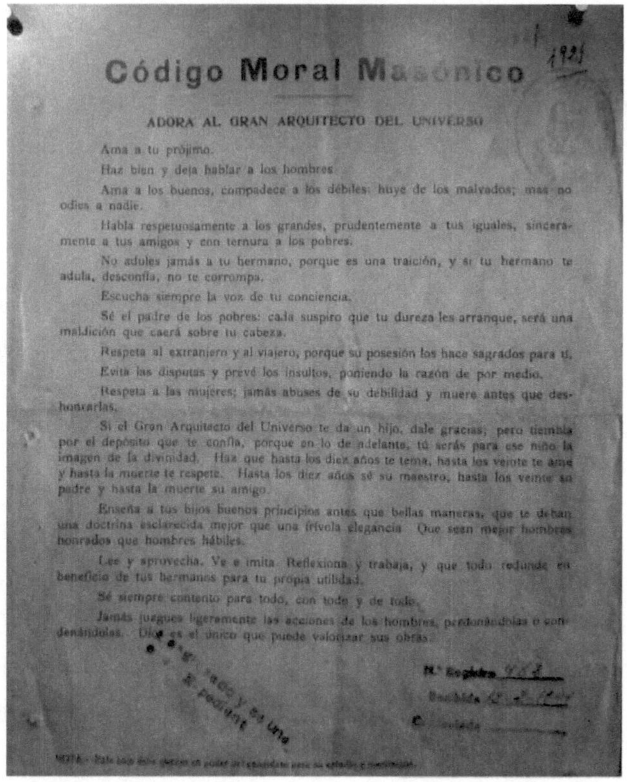

Código Moral Masónico

ADORA AL GRAN ARQUITECTO DEL UNIVERSO

Ama a tu prójimo.

Haz bien y deja hablar a los hombres.

Ama a los buenos, compadece a los débiles; huye de los malvados; mas no odies a nadie.

Habla respetuosamente a los grandes, prudentemente a tus iguales, sinceramente a tus amigos y con ternura a los pobres.

No adules jamás a tu hermano, porque es una traición, y si tu hermano te adula, desconfía, no te corrompa.

Escucha siempre la voz de tu conciencia.

Sé el padre de los pobres: cada suspiro que tu dureza les arranque, será una maldición que caerá sobre tu cabeza.

Respeta al extranjero y al viajero, porque su posesión los hace sagrados para ti.

Evita las disputas y prevé los insultos, poniendo la razón de por medio.

Respeta a las mujeres; jamás abuses de su debilidad y muere antes que deshonrarlas.

Si el Gran Arquitecto del Universo te da un hijo, dale gracias; pero tiembla por el depósito que te confía, porque en lo de adelante, tú serás para ese niño la imagen de la divinidad. Haz que hasta los diez años te tema, hasta los veinte te ame y hasta la muerte te respete. Hasta los diez años sé su maestro, hasta los veinte su padre y hasta la muerte su amigo.

Enseña a tus hijos buenos principios antes que bellas maneras, que te deban una doctrina esclarecida mejor que una frívola elegancia. Que sean mejor hombres honrados que hombres hábiles.

Lee y aprovecha. Ve e imita. Reflexiona y trabaja, y que todo redunde en beneficio de tus hermanos para tu propia utilidad.

Sé siempre contento para todo, con todo y de todo.

Jamás juzgues ligeramente las acciones de los hombres, perdonándolas o condenándolas. Dios es el único que puede valorizar sus obras.

---

17 *La masonería abre sus puertas. Instituto Masónico de España*. Ed. Atanor (pág. 154). Editado en Madrid el 1-1-2012.

Centro de internamiento de Drancy (1940)

Hubo un día que sus recuerdos remontaron al abuelo al año 1940.

«En junio de 1940 el ejército alemán ocupó un conjunto de edificios en el suburbio parisiense de Drancy, que llegó a llamarse Cité de la Muette *y que pasó a convertirse en un gran centro de detención, principalmente de judíos, pero también de homosexuales, gitanos y cualquier tipo de sospechoso.*

Los rasgos de Daniel podían ser perfectamente judíos; era muy moreno, como todos los hermanos, y con una nariz bastante prominente. A pesar de gozar del salvoconducto en calidad de refugiado, igual que yo, como se falsificaban los documentos de identidad lo detuvieron y lo trasladaron a Drancy.

El campo, como otros muchos centros de detención por toda Francia, fue creado por el Gobierno de Vichy, de Phillippe Pétain, y controlado por las autoridades y la policía francesa. Se mantuvo independiente de las autoridades alemanas hasta julio de 1943, cuando los alemanes se hicieron cargo de las instalaciones y comenzaron a trasladar a todos los detenidos a los campos de exterminio nazis.

Yo estaba trabajando. Era el mes de agosto y la abuela ya había regresado a España, a Barcelona. Pasé un día entero sin tener noticias de Daniel y comenzó una angustiosa búsqueda, que duró una semana. Recorrí comisarías y acudí a amigos. No tenía ni idea de lo que había podido sucederle. Eran momentos de absoluta oscuridad. En cualquier esquina podía sorprenderte un control y pedirte la documentación. Estos controles los llevaba a cabo la policía francesa, que seguía órdenes de los mandos militares alemanes.

Gracias a contactos que tenía —amigos que pertenecían a la masonería— se desplegó un fuerte dispositivo de búsqueda. Ellos fueron quienes lo localizaron y me ayudaron a sacarle de Drancy. Antes de conseguirlo pasé momentos muy angustiosos. El desconcierto era general y nadie sabía a qué atenerse. El miedo estaba latente, se respiraba en el ambiente. A partir de ese momento todas las precauciones fueron extremas para sobrevivir en ese París ocupado. Daniel tuvo la gran suerte de que no estaba circuncidado. Eso le salvó la vida.

La abuela hacía muy poco que se había ido y yo me encontraba solo ante una situación de enorme dureza. Ella había conseguido el permiso para poder regresar a España. Se escribía con algunas alumnas, que la animaron a volver, y una de ellas, de Barcelona, fue la que gestionó su retorno. Se fue días antes de que entraran los alemanes en París. Se pasaba todo el día sola, ya que nosotros estábamos trabajando, y ella apenas hablaba francés, por lo que le era difícil hacer las compras. No se comunicaba con nadie. Estaba realmente deprimida; no se sentía capaz de soportar otra guerra.

El momento de la despedida fue muy triste. A pesar de que estábamos divorciados, había sido mi compañera de toda la vida. La incertidumbre era muy grande; no sabíamos realmente lo que iba a ser de todos nosotros.
Tenía el presentimiento de que no iba a volver a verla.

La casa se quedó en silencio. Daniel y yo apenas hablábamos. Eran momentos muy difíciles. Las calles estaban invadidas por los soldados alemanes. Sus uniformes impecables y su presencia creaban miedo e inseguridad. Otra vez cartillas de racionamiento al igual que en España. París, que siempre había sido una ciudad bella y acogedora para mí, se convirtió en un lugar hostil, donde no se sabía nunca dónde estaba el enemigo. Cualquier vecino podía convertirse en un delator».

De nuevo el abuelo había salvado la vida de un hijo. Era una persona increíble y a medida que iban transcurriendo los días, los meses, mi admiración iba en aumento. Yo no sabía que los abuelos estaban divorciados. Esa palabra no se contemplaba en el lenguaje habitual de la España de 1961. Por eso rápidamente le pregunté.

«Nada más proclamarse la Segunda República en España, una de las leyes que fue aprobada fue la del divorcio. Tu abuela y yo ya llevábamos un tiempo separados. Ella se había quedado a vivir en nuestra casa familiar, en la calle de Amaniel. Jacobo ya se había casado, Daniel era profesor de instituto y no vivía en Madrid. En principio se quedaron con ella Leandro y tu padre, después se iría Leandro a Santoña y se quedó sola con tu padre. Yo me trasladé a Ríos Rosas, donde viven ahora Jacobo y su familia. Aprovechamos la instauración del divorcio y la separación la hicimos legal. Poco duró esta ley: el franquismo se ocupó de anularla y a aquellos que habían contraído nuevas nupcias no se las reconocieron y a sus hijos se les consideró ilegítimos.

Tu abuela era muy celosa. Siempre que encontraba entradas de teatro o de algún espectáculo en el bolsillo de alguna chaqueta, organizaba una discusión. Posiblemente habíamos pasado tanto tiempo separados por mis viajes al extranjero que ella se acostumbró a vivir sola y a ser una mujer muy autónoma. Donde había habido antes mucha complicidad esta se fue convirtiendo en una relación difícil. Entiendo que yo siempre estaba ocupado en mis intereses tanto en el Colegio de Sordomudos —en el que ya era director— como en asuntos relacionados con las inquietudes políticas.

Y sí, me encantaba el teatro. En Francia conocí a Joséphine Baker, cuyo apodo era la Perla Negra, a Isadora Duncan, Sarah Bernhardt y Mistinguett. En España iba a menudo al teatro de María Guerrero. Tuve oportunidad de poder tratar a esas artistas porque tenía amigos que me facilitaban el acceso a los camerinos.

Con la implantación de los nuevos planes de enseñanza de la República, tu abuela se acogió a la posibilidad de disfrutar de una jubilación anticipada y pudo jubilarse con sesenta años sin reducción de la pensión».

No es que el abuelo fuera especialmente atractivo —era un hombre más bien bajo, con una buena cabeza que no guardaba relación con su estatura y su corpulencia, unido a la atrofia del ojo derecho—, pero era muy simpático, ingenioso, de un humor muy inteligente. Ese don de gentes le abría todas las puertas. Sobre su relación con la abuela solo tengo su versión. Por mi parte, puedo añadir que los hijos la adoraban. En concreto Jacobo, el mayor, que no tenía buena relación con el abuelo. Una vez, cuando este ya vivía en Madrid, fui testigo de una fuerte discusión entre los dos. Mi tío le recriminaba sus ausencias y le echaba en cara lo sola que había estado siempre la abuela como madre y esposa. Era curioso: él no estaba casi nunca, su presencia no era algo frecuente en la casa; sin embargo, había salvado a Jacobo en la guerra de Marruecos y a Daniel del terrible campo de Drancy.

La familia, la República y la Guerra Civil Española (1936-1938)

Llegó la Navidad de 1961 y con ella los alfajores, que había encargado a una fábrica de Antequera. También se los enviaban a Bruselas, así como su *Diario de Antequera*. Él no perdía el contacto con sus raíces. Asimismo, mantenía correspondencia con sus sobrinos. Eso le hizo recordar los sufrimientos de su familia andaluza durante la guerra.

«La República estaba llena de ilusión, grandes proyectos y energía, pero tenía muchos enemigos. Tu tío Jacobo se había casado el 5 de diciembre de 1931 con Rosa, una gallega muy guapa y cariñosa. La boda no había sido a gusto de la abuela. Rosa era una muchacha procedente de una aldea cercana a Marín y no precisamente cultivada intelectualmente, como aspiraba la abuela. El 3 de septiembre de 1932 nació su hijo, Gerardo. A Gerardo no le he vuelto a ver desde que tenía cinco años.

Tu abuela, mientras estuvo activa en la Escuela Normal, había continuado con el hábito de sus meriendas en casa. Invitaba a alumnas guapas y distinguidas. Su ilusión era presentarles a sus hijos solteros con el fin de que se pudiera iniciar una relación con vistas a futuros matrimonios, pero sus esfuerzos nunca dieron frutos.

Leandro se había casado con Evelyn. En este caso estaba contenta. Evelyn era una mujer culta y de una educación esmerada. Leandro, que había estudiado Derecho, hizo oposiciones para profesor de instituto y le habían dado plaza en Santoña.

Como bien sabes, el 18 de julio de 1936 se inició la guerra civil española. En agosto de 1936, a la salida de un mitin político, un cura disparó un tiro a Leandro. La hebilla del cinturón desvió la bala y le salvó la vida. El ama de cría de Leandro, que era de Santander y que se encontraba en el mitin, lo llevó a su casa y lo cuidó hasta que ya estuvo en condiciones de trasladarse a Madrid para acabar de recuperarse allí. Evelyn y él llevaban el equipaje con ropa para poco tiempo. En Santoña se quedó su casa amueblada y llena de regalos de boda, su ajuar completo y la mayoría de ropa de vestir, incluido un abrigo de piel de foca regalo de su madre.

El asedio de la capital fue terrible; los Junkers Ju 52, aviones de transporte alemanes, se utilizaron ocasionalmente como bombarderos en la Guerra Civil y se ensañaron especialmente con Madrid. La orden era aterrorizar a la población civil. Posteriormente serían Barcelona y Guernica; allí las bombas fueron incendiarias. El bombardeo de Guernica representó el ataque más salvaje que se había realizado hasta entonces contra la población civil. Practicaron en España lo que luego continuarían en la Segunda Guerra Mundial. En noviembre del 36 Azaña había huido a Barcelona y el resto del Gobierno, a Valencia. Estábamos todos en Madrid, menos Daniel. Los hijos mediaron para que tu abuela y yo volviéramos a juntarnos y decidimos huir a Valencia. En ese viaje nos acompañó tu madre, Felicitas, que trabajaba en la casa de la abuela y que había comenzado un noviazgo con tu padre. Jacobo, Rosa y Gerardo se quedaron en el piso de Ríos Rosas. Leandro y Evelyn se enteraron de que habían ocupado su casa de Santoña y era peligroso regresar, así que decidieron ir con tu padre, tu madre, la abuela y yo a Valencia.

Tu tío Jacobo no tenía antecedentes políticos; por eso decidió quedarse. No obstante, una noche le sacaron de su casa y le dieron lo que llamaban "el paseíllo". Debieron de confundirle conmigo. Posiblemente, al que buscaban era a mí. De ese "paseíllo" no solía regresar nadie vivo; sin embargo, él fue afortunado y al comprobar sus documentos le soltaron.

La central del Colegio de Sordomudos también se trasladó a Valencia, donde seguí trabajando. La capital de la República se instauró allí. Tu padre empezó a trabajar en telégrafos y Daniel seguía en Barcelona. Él, como Leandro, estudió Derecho y había opositado como profesor de instituto.

A principios de 1938 tu padre y tu madre contrajeron matrimonio civil en Valencia. Otro matrimonio que contrarió a la abuela. Tu madre, una muchacha de pueblo, tampoco era una mujer cultivada. Contaba veinticinco años de edad y tu padre era once años mayor que ella».

Ese matrimonio no sería reconocido como legal bajo el mandato de Franco y tuvieron que casarse de nuevo el 5 de noviembre de 1940 en la iglesia de Santa Madrona de Barcelona, iglesia donde fuimos bautizadas mi hermana y yo.

Una anécdota que indignaba a mi madre era que para poder casarse les dieron unas charlas prematrimoniales. Tuvo que confesarse y el sacerdote insistía en el hecho de que había vivido en pecado los años desde su matrimonio civil al canónico. En la confesión tuvieron su pequeña discusión el sacerdote y ella porque mi madre afirmaba una y otra vez que ella no había pecado.

Foto de boda en Valencia de Eugenio Orellana Moreno
y Felicitas González Rodríguez

«Las noticias de la guerra eran cada vez más alarmantes. Había un goteo continuo de juicios y fusilamientos. José Antonio Espejo Orellana, hijo de mi hermana, que era maestro en Loja (Granada) y no tenía ningún antecedente político, fue fusilado el 29 de agosto de 1936.

Yo tardé en enterarme de esa noticia por nuestro cambio de residencia a Valencia. Me llenó de pena e impotencia. Amigos y personas conocidas iban cayendo; eran momentos desoladores. Las noticias de la guerra eran siempre negativas para el bando republicano. También nos enteramos de la muerte de Federico García Lorca. Se llevaron pocos días; este había sido asesinado el 18 de agosto. Conocí a García Lorca personalmente, ya que colaboraba con la Institución Libre de Enseñanza y frecuentaba el Ateneo.

Tras la muerte de mi hermana seguí manteniendo correspondencia con la familia, entre otros con la viuda de mi sobrino, Elisa Roda Guixot. Elisa también era maestra en Loja y fue apartada de la enseñanza. En 1942 pudo incorporarse de nuevo como maestra en Málaga».

En el blog del sacerdote don Antonio Espejo Zamora encontré toda la información de la comisión depuradora, llena de falsedades sobre José Antonio Espejo Orellana y su condena. El gran delito de José Antonio fue dedicarse a la enseñanza como su abuelo y su tío, esto es, pertenecer a una familia cuyo principal interés se hallaba en el campo de la educación y la pedagogía.

Respecto a su supuesta pertenencia al Partido Socialista y dar vivas al comunismo, ambas cosas nunca se pudieron demostrar. Así se fusilaba en aquellos tiempos turbulentos y se dejaban viudas e hijos.

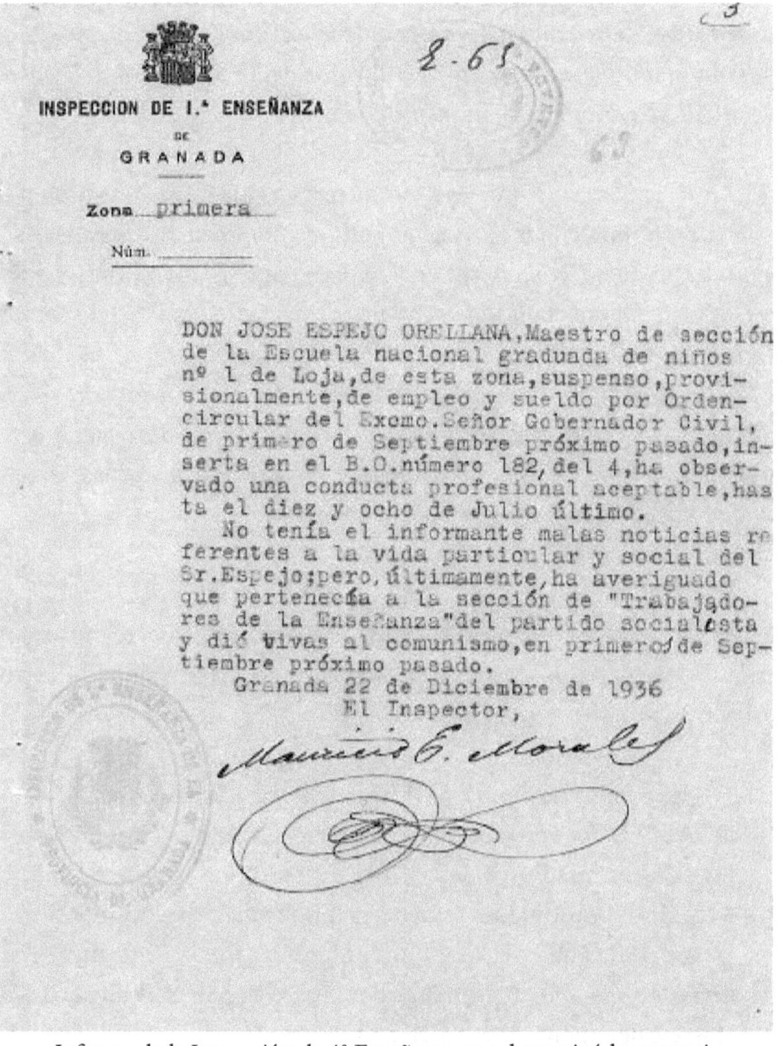

INSPECCION DE I.ª ENSEÑANZA
DE
GRANADA

Zona primera

Núm.

DON JOSE ESPEJO ORELLANA, Maestro de sección de la Escuela nacional graduada de niños nº 1 de Loja, de esta zona, suspenso, provisionalmente, de empleo y sueldo por Orden-circular del Excmo.Señor Gobernador Civil, de primero de Septiembre próximo pasado, inserta en el B.O. número 182, del 4, ha observado una conducta profesional aceptable, hasta el diez y ocho de Julio último.

No tenía el informante malas noticias referentes a la vida particular y social del Sr.Espejo; pero, últimamente, ha averiguado que pertenecía a la sección de "Trabajadores de la Enseñanza" del partido socialista y dió vivas al comunismo, en primeros de Septiembre próximo pasado.

Granada 22 de Diciembre de 1936
El Inspector,

Informe de la Inspección de 1ª Enseñanza que determinó la sentencia
de José Espejo Orellana

«Cada vez veíamos más complicada la victoria del bando republicano. Nuestra moral iba decreciendo con el curso de las noticias que llegaban a diario. Los nacionales iban avanzando.

La República encontró —en sus intentos de aplicar su ambicioso programa de reformas en las estructuras políticas, administrativas, educativas, culturales, sociales y económicas de España— la resistencia y oposición de una serie de fuerzas políticas y sociales de distinto signo. Se buscaba en muchos ámbitos poder e influencia. Por un lado, estaban las fuerzas de la izquierda y los anarquistas; por otro, la potente oposición eclesiástica, amplios sectores del Ejército y las distintas derechas. Los anarquistas terminaron por declarar a la República como enemiga de la clase obrera, aunque no se movilizaron en su contra cuando se proclamó».

Imposible recordar todo lo que me iba contando. Por ello he recurrido a un artículo de Eduardo Montagut, que resume con bastante claridad lo que estaba sucediendo en aquellos tiempos turbulentos.

«En plena dictadura de Primo de Rivera se había fundado la FAI (1927) como sociedad que reclutó a sus afiliados entre los cuadros más duros de la CNT. Ante lo que consideraban excesiva lentitud de las reformas republicanas, especialmente la agraria, la FAI y la CNT impulsaron la iniciativa campesina y obrera al margen del poder. Así, se sucedieron diversas agitaciones anarquistas en el campo y en las fábricas. El Gobierno respondió, en general, con extrema dureza. Uno de los acontecimientos de mayor resonancia fue el de Casas Viejas a principios de 1933. Los campesinos se sublevaron y atacaron a la Guardia Civil. Esto motivó el envío de la guardia de asalto para restablecer el orden. Cuando todo parecía acabado, un viejo anarquista se atrincheró en su casa con sus hijos, nietos y algunos vecinos, ante lo cual se desencadenó una brutal y desproporcionada represión: se incendió la casa y se ordenó ametrallar a sus ocupantes. Murieron todos, menos dos. Después se asesinó a doce hombres maniatados. Esta actuación policial desacreditó al Gobierno entre amplios sectores populares y de la izquierda y contribuyó a su crisis y caída. La alta jerarquía eclesiástica estuvo muy vinculada a la monarquía de Alfonso XIII y, en general, al sistema de la Restauración, que le permitió recuperar el poder e influencia que había perdido en cierta medida. En oposición, el republicanismo español mantenía posiciones anticlericales, aunque algunos de sus representantes, como Alcalá-Zamora o Miguel Maura, eran declarados católicos.

El primer conflicto surgió con la máxima autoridad eclesiástica española, el primado cardenal Segura, quien en una pastoral del 1 de mayo de 1931 atacó a la República y exaltó al monarca. El Gobierno exigió la dimisión del cardenal, pero la Iglesia cerró filas en torno a su principal figura.

Otro fenómeno que enrareció más las relaciones entre la Iglesia y el nuevo régimen fue el vandalismo anticlerical. El Gobierno no instigó estos hechos, pero no fue diligente en atajarlos porque no quería granjearse la enemistad de ciertos sectores populares, cuyo anticlericalismo violento era una explosión visceral de rabia al considerar a la Iglesia vinculada con los poderosos y ricos.

En el seno del Ejército existía una gran división entre partidarios y enemigos de la República. Una de las cuestiones clave era la autonómica al suponer una reforma de la tradicional organización territorial centralista de España, principal preocupación para muchos militares porque consideraban que rompía uno de los dogmas sagrados de la institución, la unidad de la patria. Ante las conspiraciones militares, la República optó por una política suave de sanciones ante el temor que producía el Ejército. La más importante de todas las conspiraciones fue la protagonizada por el general Sanjurjo, director general de la Guardia Civil. Ocurrió en Sevilla en el verano de 1932. Pero fue un golpe precipitado y con escasa coordinación, por lo que pudo ser sofocado con facilidad.

Los partidos de derecha se podían clasificar en dos grandes grupos, según su actitud ante la República. En primer lugar, estaba la derecha accidentalista, es decir, aquella cuya estrategia consistía en conquistar el poder en las urnas para convertir a la República de izquierdas en una República conservadora. En segundo lugar, se encontraba la derecha monárquica y antirrepublicana, que pretendía, en cambio, acabar con la República mediante la conspiración militar.

Entre los partidos accidentalistas, la CEDA era la que contaba con más apoyo. Confederación Española de Derechas Autónomas, de Gil Robles, que tenía de su parte a la Iglesia y agrupaba amplios sectores católicos de la clase media, la alta burguesía y a los terratenientes, así como al amplio sector de medianos y pequeños campesinos del centro peninsular. Su programa se basaba en la defensa del catolicismo y el orden social. Se trataba de una coalición política creada en octubre de 1933, fruto de la unión de Acción Popular, de Gil Robles, y de la Derecha Regional Valenciana, dirigida por Luis Lucía, junto con otras formaciones más pequeñas.

La derecha monárquica estaba representada por el Partido Carlista o Tradicionalista de Manuel Fal Conde, que mantenía la tradición del carlismo; y Renovación Española, fundada en 1933, con Calvo Sotelo como máximo representante, que propugnaba una monarquía autoritaria.

Con carácter más minoritario estaba la extrema derecha. Bajo la inspiración del fascismo italiano y algo menos del nazismo alemán, surgieron distintos partidos totalitarios, que terminaron por unirse al último en crearse, es decir, a Falange Española, fundada en 1933 por José Antonio Primo de Rivera. Fue la organización más activa de la extrema derecha y utilizó la violencia contra miembros de partidos y sindicatos de izquierda.

El primer presidente de la Segunda República española fue Niceto Alcalá-Zamora, desde el 10 de diciembre de 1931 hasta abril del 36. Su mandato estuvo caracterizado por luchas de poder dentro del Gobierno. Alcalá-Zamora tenía una misión bien definida, interviniendo en los asuntos del Gobierno de Manuel Azaña. Esto le llevó a disentir en dos de las primeras leyes creadas por él en 1931; la guerra entre ellos había empezado. Las tensiones siguieron aumentando, lo que provocó varias idas y venidas del Gobierno de Azaña. En las elecciones de noviembre del 33 salen vencedores las fuerzas de derecha, dando lugar al bienio radical-cedista, con continuas luchas de poder con el presidente de la República.

Tras las elecciones de febrero del 36, donde gana ampliamente una coalición de partidos de izquierda, tras varios tiras y aflojas en las Cortes se producen dos disoluciones y Alcalá-Zamora es destituido por las Cortes. Se pone en el poder a Diego Martínez Barrio como presidente interino. Su mandato pasó sin pena ni gloria durante poco más de un mes hasta que fue elegido el siguiente presidente.

Manuel Azaña fue elegido por una mayoría abrumadora, de más del 85 por ciento de los diputados, como nuevo presidente de la República. Era el día 10 de mayo de 1936. En un clima cada vez más encrespado, Azaña nombra a Santiago Casares Quiroga como presidente de Gobierno. Venían días difíciles para España. Pocos meses después de estos nombramientos se produce el alzamiento y, con él, la guerra.

El Gobierno se desmoronó con el pistoletazo de salida de la contienda; empieza un juego de poder entre los distintos partidos para poner a su hombre en el Gobierno. Azaña apuesta por Martínez Barrio, pero no contaba con el apoyo del PSOE y finalmente este tiene que dimitir. Posteriormente, José Giral es el elegido para formar el Gobierno republicano.

Durante toda la guerra civil Manuel Azaña se mantuvo como presidente de la República mientras los presidentes de Gobierno se iban sucediendo. Fueron duros tiempos para los gobiernos republicanos. Azaña desde un principio vio que la guerra, sin el apoyo de otras potencias europeas como Francia, Inglaterra o Rusia, estaba perdida. El tiempo le daría la razón».[18]

«Yo siempre fui partidario de la política de Azaña, la mente organizadora del partido Izquierda Republicana. Juan Negrín para mí representó un fiel servidor de la permanente ideología comunista de Moscú. Permitió que entraran en España espías como Aleksandr Mijáilovich Orlov y Iósif Grigulévich, personajes siniestros que figuraban oficialmente como corresponsales de guerra. Ellos organizaron, entre otras, la matanza de Paracuellos, en la que de alguna forma se cree que intervino Santiago Carrillo, aunque nunca se pudo demostrar. Este había conseguido la unión de las juventudes socialistas y comunistas en abril de 1936 para crear las JSU, una organización que, en vísperas de la guerra, declaraba tener nada menos que 140.000 afiliados.

Negrín fue quien ordenó el traslado a Moscú de todo el oro que formaba parte del tesoro del Estado. Yo, en principio, estaba de acuerdo con esa decisión; había que salvar el oro de las manos codiciosas del bando nacional. Ahora, con el tiempo, viendo las cosas con otra perspectiva, creo que la pérdida de ese oro agravó la situación de la gran crisis de hambruna que precedió a la guerra. No había recursos para el pobre pueblo español. Ese oro jamás regresó.

---

18 https://www.nuevatribuna.es/articulo/historia/oposiciones-segunda-republica/20160413164717127334.html (p.v. 15-10-2018).

«*En 1938 Azaña se exilió a Francia y esto fue lo que nos ayudó a tomar la determinación de huir nosotros también. Azaña finalmente dimitió como presidente en febrero de 1939. Martínez Barrio fue nombrado presidente interino de nuevo. El último fue Juan Negrín, por poco tiempo. Se produjo la victoria franquista. La Segunda República española terminó con un final muy trágico y, con ella, todas nuestras ilusiones y esperanzas.*

Entre la proclamación de la Segunda República española, el 14 de abril de 1931, y el fin de la Guerra Civil, el 1 de abril de 1939, se sucedieron un total de veintiséis gobiernos. Te puedes hacer una idea de los tiempos tan difíciles por los que se atravesó. Era una lucha incesante de poderes, interna y externa. Yo seguí luchando y trabajando por mi querido proyecto del Colegio de Sordomudos hasta que decidimos que era hora de abandonar España».

En ese momento recuerdo que la mirada del abuelo se entristeció. Una nube oscura pasaba por su mente.

«*En mayo de 1938, después de muchas consideraciones e incertidumbres, decidimos huir a Francia, acompañados por Leandro y Evelyn. Tu padre solicitó traslado a la oficina de telégrafos de Barcelona. Felicitas estaba embarazada y no se atrevían a embarcar con nosotros.*

Tu padre no tenía antecedentes políticos. Albergaba la esperanza de que les dejaran vivir tranquilos en Barcelona si se perdía la guerra. De todas formas habían escogido el traslado allí porque se encontraban más próximos a Francia por si se daba el caso de que se vieran obligados a huir.

Daniel, que se encontraba trabajando en un instituto en Barcelona, decidió viajar hacia Marsella también y allí quedamos en encontrarnos.

Nos habíamos llevado parte de nuestros muebles y enseres domésticos a Valencia. El resto se había quedado en Madrid. Decidimos ir solo con lo imprescindible. Íbamos hacia lo desconocido. Tus padres se encargaron de trasladar con ellos a Barcelona muebles, cuadros, vajilla, cubertería, toallas, manteles, los baúles que había utilizado tu abuela y que la acompañaban en sus veraneos, etc. Todo se fue con ellos.

Las lágrimas rodaban amargamente por el rostro de la abuela, que, a pesar de ser una mujer muy entera, dejaba atrás toda su vida. Contaba 66 años de edad y una vida llena de trabajo y esfuerzo. Ella había ayudado a crecer a nuestros hijos en un mundo que aspirábamos a que fuese mejor, cuya principal riqueza habrían de ser la cultura y los valores. Yo me sentía abatido; sin embargo, estaba muy acostumbrado a viajar, contaba con amigos en Francia y tenía la esperanza de que saldríamos adelante».

Huida a Marsella (1938)

«Embarcamos con destino a Marsella. La abuela, que siempre había sido previsora en el tema económico, viajaba con todas sus joyas cosidas en el forro de una prenda de abrigo. Las compraba como inversión y era lo único con lo que contábamos para sobrevivir.

Pudimos conseguir dos camarotes; sin embargo, la cubierta estaba llena de gente. Empezaban a huir las personas que tenían antecedentes políticos. Maletas y bultos se hacinaban por todas partes.

La abuela dormía muy mal. La segunda noche salió al exterior del camarote y observó que anteriormente la costa se vislumbraba a babor. Sin embargo, al amanecer de ese día se percató de que la costa quedaba a estribor. Se acercó a la cabina sigilosamente y escuchó una conversación del capitán con su segundo de a bordo, en la que comentaba que estaba esperando instrucciones de Burgos porque no sabía el puerto donde tenía que atracar para entregar a todos los pasajeros.

Rápidamente me lo comunicó. En el barco viajaban hombres con pistolas. Con mucho sigilo se fue corriendo la noticia entre los conocidos. Temíamos que entre los pasajeros se encontraran nacionales infiltrados. Con una rapidez inaudita, hombres armados ocuparon la cabina de mando y a golpe de pistola declararon un motín. En aquel momento todavía navegábamos por aguas españolas, a la altura de Gerona.

La travesía se hizo angustiosa. Se establecieron turnos para dormir y en esas condiciones llenas de tensión llegamos a Marsella. Yo contaba con enlaces allí, lo que nos permitió que rápidamente pudiéramos localizar un lugar donde alojarnos. Evelyn y Leandro continuaron su viaje hacia Bruselas. Al poco tiempo llegó Daniel a Marsella, procedente de Barcelona.

En Marsella sobrevivimos al principio gracias a las joyas de tu abuela. Estuvimos durante unos meses pendientes de las noticias de España, esperando que ocurriera un milagro y pudiéramos regresar. Mientras, yo hacía gestiones con enlaces que tenía en París».

Se encuentra oculto entre sus palabras lo que nunca me explicaron ni él ni mi padre. Ni tan siquiera mi tío Daniel cuando fui a visitarle a París en 1983. Más tarde, una vez muertos el abuelo, mi padre y Daniel, me enteraría de quiénes eran esos enlaces.

Entre sus papeles se encontraba el visado que le dieron una vez se trasladaron a París y me lo mostró.

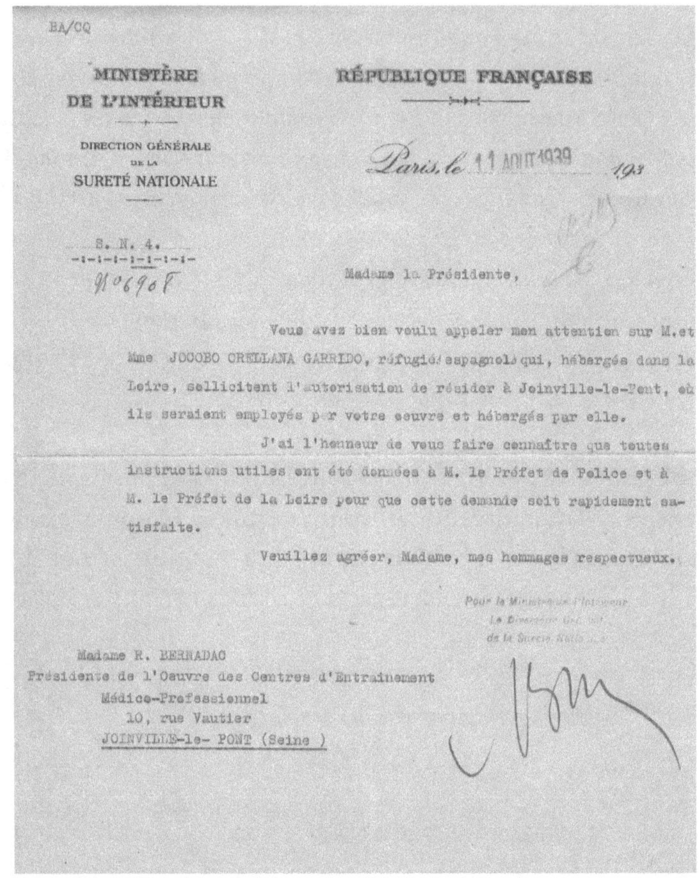

«El 1 de abril de 1939 Franco emitió un comunicado, en el que puso fin oficialmente a la guerra civil española. Dicho comunicado fue muy difundido nacional e internacionalmente. Ahí es cuando tomamos la decisión de viajar a París. Urgía que tanto Daniel como yo intentáramos encontrar un trabajo. Estábamos anonadados. ¿Nos esperaba un futuro ya para siempre en el exilio? Tu abuela se encontraba muy desmoralizada».

La familia en España (1938-1939)

«Un día recibimos una carta de tu padre; todo lo que nos contaba en ella nos llenó de tristeza. Mientras nosotros tratábamos de sobrevivir en Francia, tu madre dio a luz a un precioso niño, al que pusieron de nombre Eugenio como su padre. Era julio de 1938. Habían llegado a Barcelona y como era muy difícil conseguir un piso de alquiler tuvieron que alojarse en calidad de realquilados en el piso de un valenciano llamado Vicentet, cuyas referencias nos habían dado en Valencia.

Los muebles y enseres de la abuela fueron a parar a un guardamuebles. Más adelante me dijeron que este sufrió daños por un bombardeo y se perdieron muchos objetos. En aquella época los bombardeos sobre la ciudad eran intensos. Llenos de angustia y miedo corrían a los refugios. No había alimentos y Felicitas estaba amamantando al pequeño Eugenio. Tu padre conseguía leche en polvo de estraperlo para que tu madre pudiera reforzar un poco su escasa alimentación. A los seis meses el bebé enfermó. Tenía mucha fiebre, la situación era angustiosa. Murió el día 25 de enero de 1939. El médico dictaminó la muerte como un ataque de meningitis.

Al amanecer del 26 de enero de 1939 las vanguardias del cuerpo de ejército navarro y del cuerpo marroquí llegaron al Tibidabo. Barcelona se extendía a sus pies, exhausta y sin fuerzas militares que la defendieran. Los organismos oficiales de la República y la Generalitat habían sido evacuados el día 22. El resto de tropas intentaban defender sin éxito la línea del río Llobregat. A primeras horas de la tarde algunas tanquetas italianas y regulares marroquíes se adentraron por las calles de Sarriá y llegaron al paseo de Gracia y de allí a la plaza de Cataluña.

Era tal el desconcierto que no podían enterrar al pequeño. Al final Vicentet y su esposa les cedieron su nicho en el cementerio del Poble Nou y a los tres días de su muerte pudieron darle sepultura. Tu padre estaba deshecho y tu madre, al parecer, enfermó. A esa angustia se unía la de que tu padre temía por su vida: aunque no tenía ninguna implicación política, era republicano y recelaba de las represalias. A los pocos días de enterrar a su hijo, tu padre se despidió de tu madre. Le dijo que si no regresaba del trabajo esa noche sería porque había decidido emprender su marcha hacia Francia.

Largas colas de hombres, mujeres y niños trataban de atravesar los Pirineos; iban a un destino incierto. Se calcula que en aquellos días huyeron 400.000 personas. Allí se iban a encontrar con una realidad que no esperaban: hambre, frío, enfermedad y muerte. El 22 de febrero había muerto Antonio Machado en Colliure. Su madre falleció tres días después. No se sabe con certeza la cantidad de refugiados que murieron. Yo había conocido y tratado a Machado, como creo que ya te indiqué. Ni que decir tiene la tristeza que me ocasionó. Era más joven que yo; creo que le llevaba cuatro años. Era un hombre de una honestidad increíble, unida a su enorme sensibilidad. Había escrito el poema "Españolito que vienes al mundo". Una de las dos Españas le heló el corazón y estoy seguro de que ese dolor le llevó a la muerte. Esas dos Españas siempre tan presentes y de tan difícil conciliación.

En telégrafos tu padre tenía un gran amigo falangista que estaba muy bien relacionado con los responsables nacionales y le dijo que no se fuera, que él iba a representarle. Hablaría en su defensa y no tenía nada que temer».

Este amigo, Torra, era un payés catalán de aspecto bonachón, coloradote y fornido. Siempre que su madre venía de Calaf con comida que producían sus fincas le daba una cesta a mi padre, costumbre que siguió manteniendo durante muchos años. Llegó a ser jefe de telégrafos de Calaf y una vez al año nos visitaba con su cesta llena de embutidos de la matanza; lo recibíamos en casa como a un familiar muy querido.

Torra aquel día le salvó la vida. Mi padre no hubiera resistido los horrores de hambruna, frío e inclemencias que sufrieron los refugiados que cruzaron la frontera. Era un hombre delicado… Y yo no estaría ahora contando esta historia. Mi madre no se encontraba en condiciones tanto de salud como anímicas para salir adelante ella sola.

«Tu padre en su carta nos describía una situación de extrema dureza. Al parecer, cada vez era más difícil conseguir alimentos. Tu madre se iba debilitando: a la enorme tristeza de la muerte de su hijo Eugenio, se unió la noticia de que su hermano mayor —muy querido por ella— había muerto en el frente de Teruel.

Tu padre siguió trabajando hasta que, en mayo y pese a las gestiones de su amigo Torra, una comisión depuradora le suspendió de empleo y sueldo por un periodo de seis meses. Cuando se reincorporó le bajaron de categoría y no podría desempeñar cargos de responsabilidad ni ascender en el escalafón en toda su vida.

Tu madre estaba muy débil. Tenía una anemia terrible, casi no se aguantaba de pie y a ello se unía una depresión. En junio de 1939 se desplazaron al Bierzo. Su familia insistió para que se fueran a refugiar con ellos en espera de que pasaran los seis meses de suspensión de empleo. No tenían ahorros para poder subsistir. Tu padre nos indicaba la nueva dirección en su carta, escrita desde el pueblo de tu madre.

Tu tío Jacobo, en Madrid, sufrió asimismo la resolución de un tribunal de depuración. En su caso le suspendieron de empleo y sueldo para toda la vida y dejó de trabajar en correos.

Las siguientes cartas que iba enviando tu padre desde el Bierzo nos relataban una situación de una paz absoluta, condimentada con una enorme tristeza. En los sueños, todavía las sirenas, el estruendo de las bombas, los aviones… Allí los días iban transcurriendo sin novedad. En el pueblo no faltaban los alimentos más imprescindibles. No había aceite, pero lo sustituían con manteca de cerdo. Tenían ovejas, leche, trigo, garbanzos, gallinas…, que representaban auténticos manjares para ellos después del hambre pasada en Barcelona».

Segunda Guerra Mundial (1939)

«Enseguida llegaron las noticias del estallido de la Segunda Guerra Mundial. Empezó el 1 de septiembre de 1939, cuando las tropas de Hitler invadieron Polonia. Esto obligó a Gran Bretaña, Francia y otros países a declarar la guerra a Alemania. Ahí empezó de nuevo el sufrimiento y la angustia de toda la familia. Las cartas eran nuestro único medio de comunicación. Teníamos como enlace a Leandro, que desde que había llegado a Bruselas no había cambiado de dirección. Eso fue por poco tiempo. Los alemanes invadieron Bélgica.

Leandro y Evelyn vivían en casa de los Fontaine; él había encontrado trabajo y se hallaban en un periodo de adaptación a la nueva vida y situación. Los Fontaine residían ya en la rue *Servais Kinet, la misma calle donde más tarde tus tíos construirían la casa que tú has conocido.*

La situación de los Fontaine era acomodada. Él había inventado una microcámara que era utilizada para servicios de espionaje. La había patentado y esa patente le proporcionaba muchos ingresos. Además, era un fotógrafo de prestigio. Poco les duró el bienestar. Bélgica sufrió terribles bombardeos a pesar de intentar ser neutral. Tenía un escaso ejército y material de guerra obsoleto y se vio invadida por el ejército alemán en mayo de 1940.

El 9 de abril se habían rendido Dinamarca y Noruega. En mayo capitularon Luxemburgo, Holanda y Bélgica. La famosa e inexpugnable Línea Maginot —cadena de fortificaciones francesas que se extendía a lo largo de la frontera con Alemania, desde Suiza hasta Luxemburgo—fue rodeada magistralmente por el general Rommel y cayó sin disparar un tiro.

Guy Fontaine inició su trabajo como espía de las fuerzas aliadas. No supieron si hubo un chivatazo, pero un día recibieron la temible visita de la Gestapo. Invadieron la casa, la revisaron concienzudamente. Gracias a Dios no pudieron localizar un aparato transmisor que se hallaba oculto en un hueco abierto en el suelo de una caseta en el jardín; estaba tapado con una enorme caja de herramientas. Sin embargo, les confiscaron la casa con todas sus pertenencias, la colección muy valiosa de cámaras de fotografiar y el coche. Dejaron en la calle a toda la familia. Al finalizar la guerra pudieron recuperarlo todo.

Una vez que se quedaron sin vivienda y ante lo delicada que se estaba haciendo la vida en Bruselas, donde asimismo el racionamiento de los alimentos era muy duro de llevar, los Fontaine y tus tíos se refugiaron en un pueblo próximo a Bruselas y allí pudieron sobrevivir con los ahorros de que disponían. Leandro continuó trabajando en una editorial; se desplazaba cada día en bicicleta a su trabajo, acompañado siempre de angustia y miedo en su camino de ida y retorno. ¡Qué tiempos llenos de incertidumbre y pesar!

Yo seguía con la esperanza de que en España las cosas cambiaran; era conocedor de la resistencia, de los maquis que operaban en España y Francia. Además, tenía información sobre la situación tan penosa por la que atravesaban los refugiados españoles en los campos donde los habían recluido».

Pau, Toulouse, París (1941-1944)

«Al poco tiempo de regresar la abuela a España decidí dejar París. Daniel estaba trabajando y conocía a todos los contactos que yo tenía y que podrían ayudarle si se encontraba en algún apuro. Me sentí con la obligación de trasladarme a Pau, donde se encontraban miembros destacados de la República y enlaces que se preocupaban de poder ayudar a los refugiados.

A 43 kilómetros de Pau se levantaba el campo de refugiados de Gurs, llamado también el campo de los vascos. Cuando llegué a Pau acababa de irse Niceto Alcalá- Zamora, expresidente de la Segunda República, que estuvo residiendo allí. El campo, que en principio se creó para los españoles, a partir de la invasión alemana se utilizó para recluir a judíos y disidentes franceses. En Pau se creó una organización de maquis que colaboraba con la resistencia francesa y los aliados, servicios de espionaje que sacaban información a través de la estación de Canfranc. Entre Canfranc y Pau hay una distancia de 92,5 kilómetros y entre Pau y Bayona, 112 kilómetros.

Mis conocimientos y títulos de Psicología me sirvieron para encontrar allí un trabajo en una clínica. También mis relaciones me sirvieron para poder ayudar en todo lo que me fue posible a los refugiados de Gurs. Era una situación que nos superaba; no había ni un instante de descanso, no sabíamos a quién acudir. Se utilizó a los hombres más jóvenes —entre diecisiete y cuarenta años— como mano de obra barata para trabajar en la agricultura y la industria de la zona. Apenas recibían salario y allí murieron muchos en una absoluta soledad.

Hubo un momento en el que ya no había forma de seguir ayudando. Los alemanes quemaron una logia que había en Pau. Detuvieron a muchas personas que colaboraban con la resistencia. Había controles constantes, todo el mundo era sospechoso. En enero de 1944 decidí trasladarme a Toulouse, pero allí estuve muy poco tiempo porque, entre otras cosas, ya no podía seguir trabajando y mis pequeños ahorros se iban consumiendo».

CONSULADO DE ESPAÑA EN PAU.
CONSULAT D'ESPAGNE À PAU.

provisional nº 5 1941

EL CONSUL DE ESPAÑA EN PAU
Le Consul d'Espagne à Pau,

CERTIFICA : QUE EN EL REGISTRO ABIERTO EN ESTE CONSULADO
Certifie   : Que dans le Registre ouvert dans ce Consulat

DE CONFORMIDAD CON EL ARTICULO 5º DEL DECRETO DE 5 DE SEPTIEMBRE
conformément à l'article V du Décret du 5 Septembre

DE 1871, HAY UNA PARTIDA SEÑALADA CON EL NUMERO *2 941* QUE DICE :
1871, se trouve sous le numéro _______________ l'inscription ci-après :

DON *Jacobo Orellana Garrido*
M. ______

NACIO EN *Antequera*   PROVINCIA DE *Málaga*
est né à   Province

EL *8* DE *Mayo* DE *1871* PROFESION *profesor*
le   Profession

ESTADO *casado* RESIDENTE EN *Pau, Villa Médicis*
Etat Civil   Demeurant à

Y CON EL EXCLUSIVO FIN DE QUE EL INTERESADO PUEDA ACREDITAR SU
Et Uniquement pour que l'intéressé puisse prouver sa

CALIDAD DE ESPAÑOL Y EJERCER LOS DERECHOS CIVILES, EXPIDO EL
qualité d'Espagnol et exercer ses droits civils, je lui délivre

PRESENTE EN PAU, à *28* de *Enero* de 19 *41*.
le présent certificat à Pau, le ________________________

EL CONSUL DE ESPAÑA
Le Consul d'Espagne

EL CANCILLER ENCARGADO

Certificado que acredita la estancia del abuelo en Pau y Toulouse

Me mostró este certificado. Mientras, yo pensaba en que su vida estaba llena de episodios apasionantes, dignos de una película. Tenía más de setenta años y su actividad era incesante. En aquellos momentos sus intereses estaban centrados en ayudar a sus compatriotas.

«Para salir de aquella ratonera muchos hombres, en su mayoría excombatientes republicanos, se alistaron en la Legión de Extranjeros. Por lo menos tenían asegurada la comida y se podían sentir relativamente libres. Esta legión estaba integrada en la Legión Francesa de Combatientes, que obedecía al Gobierno de Vichy del mariscal Philippe Pétain. A la Legión de Extranjeros se la envió a África. Cuando los aliados desembarcaron en el norte de África el 8 de noviembre de 1942, Pétain dio la orden a los generales establecidos en Argelia y Marruecos de combatirlos, y las tropas francesas allí estacionadas libraron durante tres días sangrientos combates contra las tropas anglosajonas. Luchaban franceses contra franceses.

El general Charles de Gaulle, viceministro de Defensa, huyó al Reino Unido para manifestar su rechazo a la paz con Alemania. Allí instauró el Gobierno de la Francia Libre en el exilio. En agosto de 1940 Leclerc fue enviado por De Gaulle a Camerún con la misión de incorporar los territorios africanos —bajo control del Gobierno de Vichy de Pétain— a la causa aliada. Tras lograr la adhesión de Camerún y Gabón en noviembre de 1940, Leclerc fue designado al frente de las fuerzas en Chad. Desde allí partió el 25 de enero de 1941 hacia una travesía de 650 kilómetros en el desierto para atacar el fuerte de Kufra, controlado por los fascistas italianos y que consiguió conquistar el 1 de marzo de 1941. Fue en África donde los soldados españoles de la Legión se unieron a las tropas de la Francia Libre de Leclerc.

Leclerc fue presentado al rey Jorge VI y sus fuerzas se constituyeron a partir del 15 de mayo en la Segunda División Blindada Francesa Libre, origen de la popularmente conocida como la "2ᵉ DB" o "Division Blindée", "la Novena". Esta fue la compañía integrada por los refugiados republicanos, que se creó para dar mayor eficacia operativa a la Segunda División de Leclerc.

Las unidades de Leclerc, entre las que se encontraban numerosos combatientes republicanos españoles, entraron por la Porte d'Orléans el 25 de agosto de 1944 para presentarse en el cuartel de Von Choltitz, de quien recibieron la rendición de la plaza, evitando tras la negociación los planes de Hitler de destruir los principales edificios de París.

Von Choltitz retrasó las órdenes de Hitler de detonar toda la dinamita que habían colocado en los sótanos de los principales edificios de la ciudad; eso permitió que no se desencadenara lo que hubiera sido un terrible desastre. No quiero imaginarme París sin aquellos edificios que le conferían la imagen de capital de Europa y que eran símbolo inequívoco de su historia. Si llega a obedecer las órdenes del Führer, todos los edificios emblemáticos de París se habrían destruido. Hay que agradecer que en medio de tanta locura pudiera surgir algún pensamiento lúcido.

Esos días fueron terribles. Yo me encontraba de nuevo en París, pero era imposible acudir a trabajar. Parecía haberse trasladado el frente al centro de la ciudad.

Ya llevábamos un largo recorrido en guerras: había comenzado en 1936 y nos encontrábamos en 1944… Sin embargo, llegó el día de la liberación. ¡Parecía un milagro! Nos contagiamos de la alegría y salimos a la calle, empujados por el entusiasmo general, a vitorear a los soldados. La felicidad invadió a todos; era casi irreal poder vivir aquellos momentos. Allí se encontraban, subidos a sus tanques, los republicanos españoles que ayudaron a liberar París. Lucharon contra el fascismo con toda la voluntad y el tesón que habían adquirido en la guerra civil española. Fue tal el júbilo de los franceses liberados que hombres y mujeres besaban y abrazaban a los soldados, les daban vino, sonaban las campanas de todas las iglesias, en las calles se cantaba la Marsellesa entre risas y lágrimas a pleno pulmón. Tu tío y yo en aquel momento nos sentíamos también franceses».

Pau y Barcelona (1941-1944)

«La alegría de la liberación de París no era absoluta; no se había acabado la guerra. Toda la familia estaba muy pendiente de lo que estaba sucediendo en Bélgica, que fue liberada por las fuerzas aliadas británicas, canadienses, estadounidenses y la Brigada Piron el 3 de septiembre de 1944. La Guardia Galesa liberó Bruselas. Justo después de la liberación, los habitantes del distrito de Marolles celebraron un funeral falso de Hitler y poco tardó en hacerse algo real.

Entonces empezamos a respirar. Pronto recibimos noticias de Leandro. Tardaron todavía más de un mes en recuperar sus pertenencias. Me refiero a las de los Fontaine, ya que tus tíos no disponían nada más que de lo poco que cabía en las maletas que les habían acompañado en su huida de España.

Tu abuela no llevaba bien el clima de Barcelona. Al poco tiempo de residir allí, a principios de 1941, tuvo que desplazarse a Madrid para vivir con Jacobo, Rosita y Gerardo, tu primo. Las cartas que llegaban de tu padre eran algo más optimistas. En marzo de 1941 pudieron disponer de un pequeño piso de alquiler, este donde nos encontramos. Lograron recuperar del guardamuebles lo que había quedado después del bombardeo. Hasta entonces habían estado viviendo como realquilados en distintas casas, compartiendo la vivienda con otras personas. Ese era el resultado de las penurias económicas por las que estaban pasando. El 4 de abril nació tu hermana. Tu madre, a pesar de que nunca se pudo extirpar el dolor de lo ocurrido durante la guerra, parecía que se encontraba algo más fuerte. El nacimiento de la niña le ayudó».

Mi madre odió tener que regresar a Barcelona. Las situaciones más duras de su vida habían sucedido allí y el miedo había impregnado su alma. Ese rechazo duró toda su vida. Debe de ser terrible vivir en un lugar en el que no se desea.

La Barcelona de aquella época, llena de ruinas, en la que predominaba el color gris, no parecía para nada una ciudad mediterránea. Esa es la Barcelona en la que yo nací. El dolor de la guerra y el color gris permanecieron muchos años. No había alegría ni color. Cartillas de racionamiento todavía circulaban por mi casa cuando yo era pequeña. Era muy difícil conseguir determinados alimentos. Entonces surgió el mercado negro.

«Te he contado lo acontecido en la liberación de París sin acabar de informarte sobre lo que estaba pasando en Pau. Una vez asentados los nazis en Francia, los intereses de estos eran enviar a los refugiados a sus fábricas de armamento de Alemania para tener mano de obra gratis. Otros no fueron tan afortunados y su destino final fue Auschwitz u otros campos de exterminio. Eran tiempos de una increíble dureza. En esos campos murieron muchos españoles. Solo en Mauthausen se cree que murieron más de 4.000».

Al parecer, De Gaulle no se sentía muy orgulloso del trato que se les dio a los refugiados españoles, principalmente en los bajos Pirineos, y este podría ser el motivo por el que resulta complicado localizar documentación. Posiblemente, mucha se destruyó o se ocultó. En Pau hay un monumento, en el centro de la ciudad, con palabras de agradecimiento del general De Gaulle a los republicanos españoles que habían colaborado con la resistencia y el ejército francés, por la valentía demostrada. Algunos de aquellos héroes españoles de la Segunda Guerra Mundial fueron honrados en 2010 con la medalla Vermeil de París, la mayor distinción de la ciudad. «Estos españoles son los héroes olvidados de la victoria de los aliados contra la barbarie nazi», afirmó el Ayuntamiento de París en un comunicado.

En lo que se refiere a Canfranc, se han descubierto últimamente papeles que contienen mucha información sobre lo que estaba ocurriendo allí durante la ocupación nazi.

«La estación ferroviaria internacional de Canfranc llegó a convertirse en un punto estratégico, una Casablanca pirenaica por la que pasaron espías de la resistencia francesa, judíos que huían de las SS y toneladas de oro del expolio nazi.

El descubrimiento de la historia sobre la ruta del oro nazi, la presencia de las SS y la Gestapo, la puerta de fuga de muchos judíos y hasta de los alemanes perdedores y episodios de contraespionaje comenzó en noviembre de 2000. Jonathan Díaz, un francés hijo de emigrantes españoles, descubrió por casualidad en las vías del tren, tras la grabación de un anuncio publicitario de lotería de Navidad, unos documentos que hablaban sobre el tráfico de toneladas de oro del expolio nazi durante la Segunda Guerra Mundial con destino a España y Portugal.

Según esta documentación encontrada, al menos 86,6 toneladas de oro pasaron por Canfranc durante la guerra. Su procedencia debía de ser doble: los bancos nacionales de países ocupados por los nazis, como Holanda y Bélgica, y muy probablemente los campos de concentración alemanes. Una vez robado el oro, lo "lavaban" en Suiza y a cambio recibían divisas. Luego compraban el wolframio a España pagando en francos. España utilizaba ese dinero para adquirir el oro nazi en el país helvético, en su mayor parte refundido y convertido en lingotes. El oro partía de Suiza en tren hasta Canfranc. A causa de la diferencia entre el ancho de vía ibérico y el francés, este debía descargarse en la estación. La mercancía se trasladaba a otro tren o se transportaba en camiones a Madrid. Se calcula que 12,1 toneladas quedaron en suelo español y el resto fue a Portugal. De allí el oro se embarcaba rumbo a Sudamérica, presuntamente destinado a nazis exiliados en el subcontinente.

Pese a la prohibición del tráfico de oro en una Europa en guerra, uno de los documentos encontrados en la estación por Jonathan demuestra que existió un acuerdo secreto firmado en 1941 entre Suiza y España para el tránsito de mercancías entre ambos países.

Alemania controló la aduana internacional de Canfrac durante la Segunda Guerra Mundial (1939-1945) con un grupo de oficiales de las SS y miembros de la Gestapo, que residían en el hotel de la estación y en otro del pueblo. España no estaba en guerra, pero Franco tenía una postura de no beligerancia. Debía devolver la ayuda que Hitler le proporcionó en la Guerra Civil, lo que se tradujo en enviar a Alemania toneladas de wolframio de las minas gallegas, un mineral fundamental para blindar sus tanques y cañones. Pese a las amenazas por parte de Estados Unidos y Gran Bretaña, sabedores del intercambio —ya que estaba prohibido comerciar con wolframio—, España continuó con el intercambio hasta finales de 1944. Estados Unidos decidió actuar y bloqueó las importaciones españolas de petróleo. La medida surtió efecto. España interrumpió su exportación un mes después.

Pero estos trenes no solamente transportaron oro, sino otros metales preciosos (sobre todo plata).

Los documentos de Canfranc prueban que, a cambio de esa ayuda estratégica para prolongar la contienda, España recibió al menos doce toneladas de oro y cuatro de opio, en tanto que a Portugal llegaron 74 toneladas de oro, cuatro de plata, 44 de armamento y diez de relojes y otros enseres, producto del expolio a los judíos. Estos datos pueden ser solo la punta del iceberg. Los originales de estos papeles —enviados al jefe de tráfico de mercancías de Madrid— no existen».[19]

Precisamente, yo leí hace unos años el libro de Raúl Guerra Garrido titulado *El año del wólfram* (finalista del Premio Planeta 1984), una novela que trata de la extracción de wolframio en minas del Bierzo (León) y su envío fraudulento a los alemanes.

---

19   https://historiayviajes.wordpress.com/la-segunda-guerra-mundial/canfranc-la-estacion-ferroviaria-estrategica/(p.v 20/10/2018).

«No te puedes imaginar lo complicada que era la vida en aquella Francia ocupada por los nazis. En las poblaciones del sur del país la actividad de espionaje y contraespionaje era incesante: los corredores de la resistencia, que ayudaban a pasar a judíos a España para que pudieran llegar a Portugal; los maquis, que actuaban en ambos países, y los que todavía huían de España a través de los Pirineos. Condimentado todo ello con la presencia constante por todas partes de los alemanes. Era una presencia que despertaba un odio interior, unido al miedo. Todo lo que representaban era contra lo que yo luchaba. Siempre trabajé contra el fascismo.

El trabajo era intenso y había tantas necesidades y situaciones extremas que requerían soluciones... Hacíamos todo lo posible por ayudar; no se sabía nunca por dónde empezar. Las jornadas eran interminables».

Berlín (1944) y fin de la Segunda Guerra Mundial (1945)

Mi amiga Rosa localizó un documento que subastaba Todo Colección y lo puso en mi conocimiento. Se trataba de una tarjeta de felicitación navideña enviada desde Berlín el 11 de enero de 1944. Todo Colección la presentaba como un documento histórico de la Segunda Guerra Mundial. Acabo de adquirirla y he solicitado su traducción, que figura a continuación. Encima de la fecha hay unos puntos; ignoro si se trata de una contraseña. No puedo relacionarlo con los tres puntos en triángulo que aparecen más adelante en los escritos masónicos, aunque también son tres.

«Estimado colega:

En este principio de año le recuerdo con mis mejores deseos. Desde hace mucho tiempo no tengo noticias suyas y me gustaría mucho saber qué tal se encuentra. Por favor, contésteme pronto.

Hasta hoy Dios nos ha protegido. ¡Ojalá lo siga haciendo con todos en el Año Nuevo!

Con cariñosos recuerdos, su Taube».

Berlin-Frohnau
Münchenerstrasse 10.
Ruf: D. 7. 2249

Sehr geehrter Herr Kollege

Zum Jahresanfang gedenke ich Ihrer mit den besten Wünschen. Schon sehr lange habe ich nichts mehr von Ihnen gehört. Ich möchte gern wissen wie es Ihnen geht, bitte schreiben Sie doch bald einmal wieder. Bis heute hat uns Gott behütet. Hoffentlich tut er es mit uns allen auch im Neuen Jahre.

Mit herzlichem Grusse Ihr

11. I. 1944   Taube.

Absender: Otto Taube
Berlin-Frohnau
Wohnort, auch Zustell- oder Leitpostamt
Münchener Str. 10
Strasse, Hausnummer, Gebäudeteil, Stockwerk od. Postschließfachnummer

Postkarte

BERLIN-FROHNAU
11.1.44

Signor Jacobo Orellana
Garrido
Rios Rosas 21
Madrid
Spanien

5727 3525

Una tarjeta que no alcanzó nunca su destino. La dirección era Ríos Rosas, 21. Allí vivía mi tío, cuyo nombre y primer apellido eran los mismos que los del abuelo. Si la postal hubiera llegado a Madrid es muy probable que Jacobo hijo la hubiera recibido. ¿Qué estaba sucediendo en Berlín en 1944, cuando Otto Taube escribió esta postal?

Durante el mes de enero de 1944 Alemania padeció ataques continuados de la aviación británica y de las fuerzas aliadas. En concreto, el 29 de enero de 1944 Berlín sufrió uno de los ataques más violentos, con casi 11.000 toneladas de bombas en menos de dos horas. La ciudad quedó asolada. En mi interior deseo que Dios les siguiera protegiendo y que él y su familia estuvieran vivos al finalizar la guerra.

Intenté averiguar quién era Otto Taube. La única información que he podido localizar ha sido en un artículo de Evelina Busseti de Pla, titulado «Las nuevas orientaciones en las escuelas de sordomudos» y publicado en *El Monitor de la Educación Común*, órgano del Consejo Nacional de Educación del Ministerio de Justicia e Instrucción Pública de Argentina, editado en Buenos Aires en 1939 (nº 793).

A continuación se encuentran las fotografías de la portada y las páginas 29 y 32, donde aparecen los nombres de Otto Taube y del abuelo, entre otros, todos ellos relacionados con la educación de sordomudos y sordociegos, y donde se les considera personas de opinión autorizada.

EL MONITOR

DE LA

EDUCACIÓN COMÚN

ORGANO DEL CONSEJO NACIONAL DE EDUCACION
MINISTERIO DE JUSTICIA E INSTRUCCION PUBLICA

SUMARIO

(Sigue)

Dirección y Administración: RODRIGUEZ PEÑA 935
BUENOS AIRES

llar una más amplia solución, la que está en vías de realizarse cómo voy a demostrarlo.

Es indudable que el maestro de sordomudos debe conocer a fondo todas las variantes del alfabeto fónico, mas no es posible, ni recomendable que lo exija al sordo en toda su diversificación, pues la fonética es una ciencia que no puede ser aplicada en su estrictez al que carece de percepciones auditivas para el control de las más sutiles variaciones y de los más finos matices de los sonidos de las consonantes y las vocales en sus numerosas combinaciones.

Lo esencial es obtener una pronunciación clara y fácil de la palabra con una voz natural y esto será tanto más accesible, cuanto más pequeño sea el niño al iniciarse en la enseñanza.

Es un hecho probado que la sugestibilidad obra tanto más intensamente, cuanto más joven es el sujeto. En efecto, es en los primeros años de la vida, cuando la imitación es más servil, es decir, cuando se acerca más al modelo.

¿Por qué no hemos de utilizar entonces esos recursos naturales?

Apoyan esta tesis, la experiencia de conocidos educadores modernos, especializados en nuestra enseñanza.

Herlin, Drouot, Parrel, Taube, Pintner, Orellana Garrido y muchos otros, de opinión autorizada, indican la conveniencia de comenzar la desmutización en edad temprana. Y sin ir lejos, los alumnos de la señora María Julia Mendiague de Tosi, aquí presentes, son casos concluyentes de los espléndidos resultados que pueden alcanzarse cuando palabra, cerebro y órganos vocales van estructurándose en íntima armonía funcional psicofisiológica.

María Margarita Maggiolo, a quien llaman cariñosamente Chichita, sorda de nacimiento, iniciada a los cuatro años, posee actualmente, a los once, un lenguaje tan completo y correcto como el de un oyente de la misma edad. Baste decir que usa expresiones espontáneas que asombran. No las citaré porque Vds. tendrán oportunidad de oírla al término de mi exposición.

Su ideación por el lenguaje le permite seguir estudios de las diversas materias de instrucción primaria con una maestra de la escuela común.

El doctor Parrel, director del Centro de Reeducación de los deficientes del oído y de la palabra de París, afirma sobre hechos reales, la posibilidad de comenzar la desmutización a los tres años, aprovechando la tendencia de los niños de esa edad, a la imitación y al juego.

«*Por fin finalizó la guerra en Europa. El 4 de mayo de 1945 el mariscal británico Montgomery aceptó la rendición militar de todas las fuerzas alemanas que aún resistían en el norte y oeste de Holanda y el extremo noroeste de Alemania, comprendiendo las guarniciones alemanas que aún permanecían en Dinamarca. Esta capitulación tuvo lugar en el cuartel general británico en la ciudad de Luneburgo, situada en un área entre las ciudades de Hamburgo, Hannover y Bremen. Como el comandante operacional de alguna de estas fuerzas era el almirante Dönitz, él mismo señaló a sus subordinados de la zona que la guerra europea había terminado y no tenía sentido resistir. Mientras tanto, fuerzas navales británicas se lanzaban a la ocupación de Dinamarca con apoyo de la resistencia danesa, desarmando y apresando a las fuerzas alemanas que encontraron, sin hallar resistencia apreciable. El 15 de agosto de 1945 finalizó la guerra del Pacífico con la rendición del ejército japonés.*

Pienso que hay momentos en la humanidad en los que el inconsciente de algunos locos puede producir daños irreparables. Locos que son apoyados por muchos seres humanos, que no son conscientes del peligro que aquellos representan. Constantemente se originan guerras y de ellas puedo hablarte con pleno conocimiento de causa.

Precisamente, en 1945 tu tío Jacobo se había quedado sin trabajo y con muy pocos medios para subsistir. La abuela vivía con ellos. Tus padres se ofrecieron para alimentar y cuidar a Gerardo durante el tiempo que fuera necesario a pesar de que a ellos no les sobraba el dinero. Gerardo se desplazó a Barcelona, donde vivió con tus padres durante un año».

Mi padre me habló de aquellos tiempos tan penosos. Mi hermana y yo nos llevamos siete años; esa distancia temporal fue fundamental: ella nació a los dos años de acabar la guerra y vivió mucho más intensamente la oscuridad y las carencias de aquellos momentos. Me comentaba que siempre había estado pendiente y muy preocupado por el desarrollo de la guerra tanto en Bélgica como en París. Las noticias que se transmitían en España siempre eran favorables al ejército alemán; por eso intentaba contrastar la información a través de la Pirenaica.

Hasta 1952 España no empezó a recuperar los niveles de vida que tuvo en 1935. Con el mercado negro nació una nueva clase: los estraperlistas.

Los resultados de las investigaciones en la historia económica del franquismo son unánimes y coinciden en señalar la profundidad y duración de la depresión que sufrió la economía española durante los años cuarenta. Para la mayor parte de los españoles fueron, sencillamente, los años del hambre, del estraperlo, de la escasez de los productos más necesarios, del racionamiento, de las enfermedades, de la falta de agua, de los cortes en el suministro de energía, del frío y los sabañones. Así, el nivel de consumo alimenticio de preguerra, en términos de calorías totales, solo se alcanzó a mediados de los años cincuenta y el consumo de algunos productos alimenticios de calidad se retrasó hasta entrados ya los sesenta. Comparativamente, la depresión posbélica española fue mucho más intensa y larga que la de los países europeos afectados por la Segunda Guerra Mundial.

En casa no faltaron nunca alimentos —mi madre cocinaba muy bien y se las ingeniaba para hacer comidas deliciosas—, pero sí pasábamos frío, mucho frío. Alrededor de un brasero que conservo nos calentábamos solo por la parte delantera. A veces mi madre utilizaba alcohol de quemar para calentar las habitaciones y las famosas bolsas de agua caliente para ir a dormir. Aún recuerdo cuando una modista confeccionó unas batas de paño grueso largas hasta los pies para que estuviéramos más calientes; yo era muy pequeña. No olvido los sabañones que nos salían en los pies y las manos.

Cuando viajábamos en verano al Bierzo veníamos cargados de todo tipo de alimentos: garbanzos, patatas, jamones, nueces, incluso trigo. La memoria de los olores me lleva al aroma del trigo cuando lo tostaba mi madre y luego lo molía para hacerme papillas; debía de ser muy pequeña, pero nunca lo he olvidado. Aquella papilla era deliciosa. También recuerdo que una vez, en la estación de Francia, un carabinero quiso requisarle el equipaje por los controles de estraperlo. Ella se plantó delante y dijo que era comida que le había regalado su madre para sus hijas y que si quería requisarle algo tendría que pasar por encima de su cadáver. La dejó pasar. Mi madre tenía un carácter que impresionaba.

Aquellos viajes duraban más de veinticuatro horas. Eran unos trenes parecidos a los que se ven en las películas sobre la India. Los pasillos iban llenos de gente y de maletas. Había personas que incluso viajaban con gallinas; era imposible entrar en los lavabos, que se encontraban inundados y atascados. Las máquinas eran de carbón y llegábamos al final del viaje con las fosas nasales llenas de carbonilla.

A través de la radio entraban obras de teatro, conciertos y programas de humor. Era el único medio cultural del que se disponía en aquel hogar humilde donde mi padre, rebajado al escalafón más bajo, hacía muchas horas extras para sacar a la familia adelante. Siempre estuvo muy pendiente de incentivar el interés por la cultura en sus hijas. Me llevaba a muchos museos y cuando íbamos a Madrid a visitar a la familia —de regreso del Bierzo— era obligado ir al Museo del Prado. También me enseñó a dibujar. Le debo muchas cosas y el amor al dibujo y a la pintura ha sido una de ellas; me ha acompañado toda la vida y de ahí mi gran afición a pintar. Asimismo, estimuló en mí la curiosidad y el interés por todo. Oíamos música clásica en la radio y me ayudó a conocer a los grandes compositores. Nada que ver con las ambiciones culturales que habían tenido los abuelos para sus hijos y que hubieran deseado asimismo para sus nietos.

«En Bruselas las cosas iban bien. Tus tíos vivían independientes y con la esperanza de poder construir su propia casa. Trabajaban los dos y en 1946 nació Diego. Yo vivía en París con Daniel.

1946 fue un año muy especial. A la alegría del nacimiento de un nuevo nieto en Bruselas, Diego, se unió la enorme tristeza de la muerte de tu abuela. La compañera de mi vida se había ido. Su delicado corazón dejó de latir. ¡Qué distinta la vida que habíamos soñado construir con el desenlace final! Ella ya no tenía interés por seguir viviendo. Jacobo acababa de encontrar un nuevo trabajo, Gerardo había podido regresar a Madrid y ella se había ido definitivamente. Al morir tu abuela algo muy importante murió en mí. Solo mis inquietudes políticas me mantenían al pie del cañón. Todavía no había perdido la esperanza de que algo pudiera cambiar en España. Me relacionaba con relevantes republicanos en el exilio.

Casi 500.000 españoles murieron durante la Guerra Civil. Obviamente, resulta imposible fijar el número exacto de fallecidos a consecuencia del conflicto armado, pero todos los historiadores y expertos han coincidido en fijar la cifra en un abanico cercano al medio millón. Si tenemos en cuenta que la población de España no alcanzaba los veintiséis millones por aquel entonces, el número resulta escalofriante.

A Hitler se le atribuyeron diecisiete millones de muertos. Esa información no os ha llegado a España, pero ha sido el resultado de las guerras que yo he vivido en directo. No tengo información sobre el número de muertos que ocasionó la guerra del Pacífico».

El abuelo y el tío Daniel en París en 1946

El abuelo me comentó que en 1946 Daniel entró a trabajar en la Unesco. Estuvo allí hasta su jubilación.

Diploma otorgado al abuelo por el Ministerio de Educación
Nacional en París en 1948

«Me hizo mucha ilusión cuando me concedieron este diploma; mi trabajo por la enseñanza en París también fue intenso.

Cuando Leandro y Evelyn pudieron construir su casa en la misma calle que los Fontaine, destinaron en la planta baja una zona para mí. Yo iba a visitarles a menudo, pero no fue hasta 1956 cuando me quedé a vivir con ellos definitivamente. Atrás dejé mis sueños de que la República resurgiera de sus cenizas y fui a disfrutar de la compañía del único nieto que estaba próximo.

Yo había tenido cuatro hijos, había conocido a Gerardo de recién nacido y en los primeros años de su vida; sin embargo, a ti y a tu hermana no os conocía. Erais chicas, ¡las primeras chicas en la familia!; por eso me hizo tanta ilusión que vinierais a Bruselas».

Había pasado un año desde que llegó el abuelo procedente de Bruselas. Como todos los veranos, la familia al completo se trasladó al Bierzo. El viaje seguía siendo muy largo y en el pueblo no tenían las condiciones necesarias para alojarle. Se tomó la decisión de que un sobrino segundo, Alberto Orellana, y su esposa, Encarna, lo cuidaran durante ese periodo vacacional.

El abuelo seguía manteniendo correspondencia con Joaquín Ruiz-Jiménez y con Fraga Iribarne. Al parecer, en sus cartas se lamentaba de las pocas condiciones que reunía nuestra casa, en la que no tenía un espacio adecuado para él. Le facilitaron el poder entrar en una residencia de Alcalá de Henares. Lo tenía todo organizado sin que mis padres se enteraran. Le esperaba un homenaje en Madrid, al que asistió acompañado de Alberto

Orellana. Allí se encontraba mi tío Jacobo. Ya no regresó a Barcelona. Eso demuestra lo bien amueblada que tenía la cabeza. Supo solucionar su vida sin la ayuda de sus hijos. En la residencia le habían destinado una habitación especial con un enorme ventanal, una mesa de despacho y un cuarto de baño privado. Fui a visitarle bastantes veces. Estuvo allí varios años. Más tarde hubo un cambio en la dirección de la residencia y se le quitaron los privilegios; por ello se trasladó a casa de mis tíos.

Murió el 23 de marzo de 1970. Contaba 99 años de edad. No pude asistir al entierro; trabajaba y mi hijo tenía solo unos meses. Murió en Madrid, en una casa que le habían buscado, donde le atendía una señora. La incompatibilidad de caracteres entre los dos Jacobos les hizo tomar esa determinación. Mis tíos estaban muy pendientes de que estuviera bien atendido. Solo los últimos meses de su vida la cabeza le empezó a fallar. Mi padre fue solo al entierro, ya que mi madre cuidaba de Miguel, mi hijo.

Sin embargo, la historia del abuelo no acaba aquí.

Jacobo Orellana
y la Masonería (1985)

El 22 de octubre de 1985 Alejandro Abarrategui me llama por teléfono a Alcalá de Henares. Se presenta como un gran amigo de mi tío. Me dice que Daniel ha muerto, que si queremos ir al entierro nos da tiempo, ya que en Francia se tardan tres días en dar sepultura a los difuntos. Me da su teléfono, su dirección y me ofrece su casa para que me aloje allí.

Organicé mi desplazamiento. Era la tercera vez que viajaba a París. Me sentía bastante nerviosa; iba a casa de personas desconocidas, al entierro de un ser querido, y me encontré con un París otoñal, de cielo gris, donde mi tristeza interior se unía a la melancolía de aquel otoño.

Me esperaban con un cartel a la salida del aeropuerto. Se trataba de un matrimonio mayor; él tenía cerca de ochenta años, sordo y con la visión bastante mermada, y en esas condiciones conducía por París. ¡Qué miedo pasé! Me ofrecí a conducir a pesar de que nunca fue mi fuerte, pero pensaba que iríamos mejor. Sin embargo, él se negó. Llegamos a su casa. Angelita, su esposa, era diez años más joven, una mujer vital, muy simpática y acogedora.

Antes de ir a su casa pasamos por el tanatorio; allí estaba Daniel y me sobrecogió verle. Toda una historia pasó por mi cabeza en un instante. Hacía dos años que le había visto. En enero de 1983 tuve que ir a Suecia para realizar un trabajo de una presentación de *marketing*. Trabajaba en una empresa sueca que tenía la central en Sandviken, a más de doscientos kilómetros de distancia de Estocolmo hacia el norte. Había organizado mi regreso para pasar el fin de semana con Daniel.

Allí estaba París un viernes por la noche. Daniel había reservado para mí una habitación en un hotel en el barrio latino. Él no podía salir de casa, no se había adaptado a la pierna ortopédica. Me contó que le habían hecho varias, pero que le producían mucho dolor. El proceso fue muy triste. Perdió la pierna debido a la diabetes que padecía. Mientras él se encontraba hospitalizado, Lucienne, su compañera, moría en otro centro. Ni siquiera habían podido despedirse. Solo salía cuando iba a revisión médica y venían a recogerle con una ambulancia. Tenía que bajar y subir tres pisos sin ascensor. Aquella bonita escalera de caracol con una baranda de hierro y madera, que yo había conocido en mi viaje con mi padre, no estaba hecha para personas con problemas de movilidad.

El sábado me desplacé a Quai de Valmy. Habían pasado veintitrés años desde mi primera visita a ese apartamento en 1960. Entonces ella, Lucienne, vivía allí sola. Él se alojaba en una modesta buhardilla de una sola habitación. Toda su vida fue un hombre muy independiente, amante de su libertad. Su sueldo en la Unesco le hubiese permitido vivir en un lugar más acogedor y confortable, pero él era un *bon vivant* que empleaba su dinero en viajar y disfrutar de la buena comida y de los placeres de la vida. Se fue a vivir con Lucienne cuando enfermó de neumonía y ella le cuidó hasta su recuperación. Entonces le convenció para que se quedase allí.

A partir de la muerte de mi padre en 1980 yo estaba en contacto permanente con Daniel. Era el único que vivía y le escribía toda la familia. Mi hija Laura le enviaba dibujos y él le dirigía siempre palabras de cariño y la llamaba su secretaria. A mi hijo Miguel le daba consejos sobre sus estudios y aficiones deportivas. De vez en cuando hablábamos por teléfono; se debía de sentir muy solo. Recibía la visita diaria de una asistente social, que desempeñaba las labores domésticas y se cuidaba de ayudarle en su aseo personal. Asimismo le visitaban amigos, principalmente los Abarrategui.

Su enorme simpatía y cercanía nos hizo conectar como si hubiéramos estado juntos toda la vida. No cesamos de charlar, de reír. Era un hombre encantador. Le dije que si volvía a España no la iba a reconocer, que era un país moderno, que podía considerarse en muchos aspectos plenamente equiparable a los europeos. Él me contestó que no tenía ninguna duda de ello, pero que siempre quedaría la pregunta en el aire. ¿Qué sería de España si la hubieran dejado crecer y desarrollarse con su república y todos los proyectos avanzados de esta? Esa pregunta iba acompañada de una enorme tristeza.

Solo habían pasado dos años desde mi corta visita y me alegré de haber tenido ese tiempo con Daniel. El trabajo, los hijos y otras obligaciones no nos habían permitido ir a verle en familia como a mí me hubiera gustado; sin embargo, esas maravillosas horas las llevo en el corazón.

Abandonamos el tanatorio y nos dirigimos al apartamento de los Abarrategui. Habían preparado una habitación confortable y una cena muy apetitosa, en la que, por supuesto, no faltaba una buena variedad de quesos. ¡Estábamos en Francia! Empezamos a charlar y me informaron de algo totalmente desconocido y extraño para mí en aquellos momentos: mi abuelo era masón y Daniel también. El abuelo había sido miembro fundador de la nueva Logia España de París en 1945. El asombro fue mayúsculo. Mi padre muerto, mis tíos muertos y yo me entero de su conexión a algo que había sido tan perseguido y vilipendiado. De hecho, me dijo que casi todos los amigos de Daniel eran hermanos masones.

Al día siguiente fue el entierro. Un día gris plomizo con una suave llovizna. El último de los hijos de Jacobo y Carmen había muerto. Pocas personas fueron al entierro: los Abarrategui, la asistente social y un grupo de hombres, que luego me dijo Alejandro que eran todos masones. ¡Qué triste todo! El cielo parecía unirse al dolor.

A la salida me presentaron a algunos. Uno en concreto, que trabajaba en el Banco Central —donde Daniel tenía sus ahorros—, quedó en hablar conmigo al día siguiente. Me saludaron todos como si yo fuera un familiar muy querido.

Angelita había cogido las llaves de Quai de Valmy y nos fuimos al piso. En aquel momento ya toda la responsabilidad de las pertenencias de Daniel era del Consulado español en París, pero al tener llaves quisieron que yo echara un vistazo a sus papeles por si deseaba llevarme algo que fuera privado.

De nuevo en aquella casa. Estaba llena de antigüedades procedentes del padre de Lucienne, que había sido anticuario. Muebles de mucho valor y una colección de muñecas de porcelana en miniatura que llenaba una vitrina. En mi visita a esa casa en 1983 Daniel me dijo que cogiera algunas, las que más me gustaran, pero Lucienne tenía un hijo y, aunque casi no se relacionaban, yo no me sentía capaz de tocar nada que fuera de ella.

Todas las pertenencias de Daniel se encontraban en su dormitorio. Casi no podía llevarme nada conmigo. Pensé que más tarde el consulado se encargaría de hacerlas llegar a la familia, así que cogí sus agendas privadas, que hacían las veces de diario, un diccionario francés-español y algunas fotografías y cartas. Esa decisión fue fundamental a la hora de reclamar la herencia en nombre de todos los sobrinos. El hijo de Lucienne comprobó que todo estaba intacto y no hizo ninguna objeción.

Esa noche Alejandro siguió contándome la historia de cómo llegaron a Francia. Alejandro Abarrategui había sido fundador de la Logia Esperanza en Marsella. Él y el abuelo procedían de la Logia Mantua de Madrid, una logia que estaba bajo las directrices de la Gran Logia de España. Me comentó que Antonio

Machado también provenía de esa logia. En Marsella ya habían estado colaborando mi abuelo y él.

A finales de 1938, en previsión de un éxodo importante, fue creado el comité de socorros de la masonería francesa a los refugiados españoles, dirigido por Félicien Court (Toulouse), en Perpiñán, Marsella y Toulouse. Ese fue el motivo por el que el abuelo se desplazó desde Pau a Toulouse; allí seguían operando los masones clandestinamente.

Se pusieron en marcha una serie de medidas para acoger y socorrer a todo el contingente de masones españoles ante la avalancha de refugiados que llegaron a las tres ciudades. Durante la ocupación alemana, la mayoría de integrantes de la Logia Esperanza colaboraron con la resistencia y el maquis francés. Esta logia, formada por exiliados españoles en Marsella, estaba en funcionamiento desde 1938. El abuelo y Alejandro estuvieron trabajando sin un momento de descanso desde esa logia.

Posteriormente Alejandro Abarrategui y su esposa, Angelita, se dirigieron a París. Poco más tarde irían los abuelos y Daniel. El motivo era que necesitaban encontrar un trabajo para sobrevivir. Allí Alejandro ingresó en la Logia Iberia, pero debió abandonarla por las discrepancias que tenía por haber contraído matrimonio católico con Angelita.

Buscando documentos he encontrado el siguiente escrito, en el que aparece ya el abuelo como uno de los fundadores de la Logia España 692 en París.

«La loge España 692 semble avoir été fondée pour regrouper une élite républicaine à Paris. Plusieurs de ses membres viennent d'Iberia, dont le vénérable Abarrategui dont le mariage religieux avait soulevé une polémique au sein de son atelier.

Les fondateurs d'España sont les frères Sales Ramón né le 10 mai 1898 à Lérida, professeur, vénérable de Pitágoras 12 (Lérida), Ballester Gozalvo José, né le 1er mars. 1893, avocat, Grand Secrétaire de la GLE, loge Exilio (Montpellier), Maldonado José néle 12.11.1900, avocat, loges Jovellanos (Gijón) et Toulouse n.º 1, Orellana Jacobo, né le 8.5.1871 à Antequera, directeur du collège des sourds-muets à Madrid, loges Mantua et Caritas, Martin-Ballano Tomas, né le 14.10.1903, chirurgien, loges Mantua et Toulouse n.º 1, Ferreres Marquez Vicente, né le 5.10.1909 à Madrid, industriel, maître tailleur, loges Exilio, Barcelona, I. Maiquez, Fernández Murias José, né le 13.10.1895 à Madrid, professeur et fonctionnaire, loges Iberia, Barcelona, Union, Abarrategui Alejandro, né le 13.1.1909 à Garrovillas, avocat, loges Iberia, Barcelona, ancien Conseiller de la GLE, López-Miluy Juan, né le 18.9.1904 à Algeciras, licencié en droit, loges Iberia, Barcelona, Hiram (Madrid), Ribalta Enrique, issu de la loge Adelante (Barcelone). La première».[20]

---

20 «La masonería española, represión y exilios» (pág. 289). XII Symposium Internacional de Historia de la Masonería Española. Almería, 8 al 10 de octubre de 2009. Coordinador: José Antonio Ferrer Benimeli. Pdf. Dialnet.

«Las dos principales logias masónicas, el Gran Oriente de Francia (GODF) y la Gran Logia de Francia (GLDF), en el seno de la Asociación Masónica Internacional (AMI), ayudaron con fondos, propaganda y con su influencia ante el Gobierno del Frente Popular francés al Gobierno republicano español. El 1 de marzo de 1939 los mmas.·. españoles, tanto del GOE como de la GLE, firmaron un documento calificado por el profesor Ferrer Benimeli de "plan .·. de viaje", en el que se indicaba que la mas.·. española se veía obligada a abandonar el país y esperaba de sus hh.·. en el extranjero que prestaran la ayuda moral y material a los mmas.·. españoles obligados a un exilio forzoso. La mas.·. francesa constituyó organismos de ayuda, como el creado a fines de diciembre de 1938 comité de socorros a los refugiados españoles, y se estableció una comisión mixta franco-española encargada de organizar la ayuda, que se concretó, por ejemplo, con la apertura de dos centros de acogida, dirigidos por hh.·. en Auterive y en Saint-Bauzille de Putois, que acogerían cada uno a doscientos refugiados, que serán los primeros de una serie de centros o albergues masónicos que fueron creándose a lo largo de toda la geografía francesa como, por ejemplo, en Marsella, Montauban, Clermont-Ferrand, Burdeos o Lyon. El Cons.·. de la Ord.·. del GODF, reunido el 14 de febrero de 1939, acordó que cada masón francés sería invitado a ofrecer una contribución mensual de diez francos para ayudar a sus hh.·. españoles. Los mmas.·. de Toulouse acudían a la estación Matabiau de esta ciudad para intentar reconocer mediante el signo masónico∴[21] a los hermanos españoles y sus familias, que bajaban de los trenes que los habían transportado desde la frontera, y los acogían, llevándolos a Auterive o a Saint-Bauzille-de Putois, donde las condiciones eran mucho más aceptables que en los campos de internamiento».[22]

Alejandro siguió informándome acerca del enorme esfuerzo que se realizó para preparar la salida al extranjero de aquellos que no deseaban caer bajo las garras de la represión franquista, como les había sucedido ya a tantos hermanos. Rodolfo Llopis y otros muchos trabajaron sin descanso para conseguir embarcar a los miles de refugiados que querían abandonar España.

Una de las labores más importantes de la comisión fueron las gestiones para liberar a los masones retenidos en los siniestros campos de concentración franceses, como Argelès, Gurs, Bram y Saint Cyprien, así como la elaboración de certificados masónicos para los que se embarcaban rumbo a América. Se calcula en más de un millón de francos el montante total de la ayuda a los masones españoles exiliados que aportaron distintas logias.

21.∴ Estos tres puntos representan un triángulo y son un distintivo que reconocen los masones. El triángulo significa distintas cosas, una de ellas libertad, fraternidad, igualdad. También significa el 3, que equivale al cielo —asimismo a Dios—. Junto con el 4, que es el equivalente a la Tierra, suman 7 —la materia y el espíritu—, suma de los opuestos. El grado de maestro está representado por el número 7. He extraído del artículo de Vicent Sampedro Ramo, doctor en Historia y M∴ M∴ de la R∴ L∴ Constante Alona de Alicante, lo que me pareció más significativo, respetando el estilo de escritura utilizado por él.

22 https://trabajosmasonicos.wordpress.com/2015/11/14/el-exilio-de-los-mmas-%C2%B7-espanoles-en-francia-en-1939-paradigma-de-la-frat-%C2%B7/(p.v. 20/09/2019)

La España 692 en París, de la que fue miembro fundador el abuelo, se convirtió en un taller de la élite republicana española. Al parecer, estuvo colaborando con esa élite republicana hasta que se desplazó a vivir a Bruselas a la edad de ochenta años. El escrito que aparece a continuación hace referencia a Daniel Orellana, mi tío. Ahí figura su cargo de primer vigilante en 1957. El abuelo ya se encontraba viviendo en Bruselas.

«La situación en la Logia España no debía ir muy boyante, ya que el primer Vigilante (Orellana) acude por carta en demanda de ayuda por parte de José Maldonado, para que este acuda a la logia, "ya que se van a producir en breve unas elecciones y teme que si no hay consenso la logia termine cerrando trabajos", y pese a ese requerimiento el 20 de noviembre de 1957 se le comunica que de no haber enmienda o conocimiento de la situación, la logia tendría que actuar en consecuencia, ya que en dicha situación ya hay varios miembros y ello no se puede sostener por una logia como la España».[23]

«El primer vigilante tiene labores de tres tipos: labores docentes, labores de rituales y labores administrativas. Las labores docentes, una de las más importantes, se efectúan dirigiendo la Cámara de Instrucción de Compañeros. Más que enseñar, presenta el material de instrucción aprobado por el

---

23 «La masonería española, represión y exilios» (pág. 684). XII Symposium Internacional de Historia de la Masonería Española. Almería, 8 al 10 de octubre de 2009. Coordinador: José Antonio Ferrer Benimeli. Pdf. Dialnet.

Oriente correspondiente y solicitando escritos de los temas, los cuales serán comentados en Cámara.

— Dirigir la columna del sur: el primer vigilante es la Segunda Luz del Taller y su primer Vicepresidente. Se sienta en la columna norte, cerca de Occidente, y vigila la columna sur; los compañeros que soliciten la palabra tienen que hacerlo a través del vigilante.
— Cuidar que el templo esté cubierto de la presencia de profanos.
— Retransmitir las órdenes indicadas por el Venerable Maestro y secundadas por el segundo vigilante.
— Mantener el orden y el silencio en las columnas y usar un golpe de mallete cuando se produjera un acto fuera de orden.
— Reemplazar al Venerable Maestro en caso de ausencia de este, ya sea temporal o hasta fin de período correspondiente, efectuando todas las funciones que atañen al referido Venerable Maestro.
— Es Diputado Principal ante la Gran Logia, representando su respectiva logia».[24]

Esa noche no pude dormir. Recordaba todas las conversaciones que tuve con el abuelo en el transcurso del año que estuvo con nosotros y las veces que me había hablado sobre la masonería, algo tan desconocido y misterioso para mí. En ningún momento

---

24 https://www.wattpad.com/3046348-oficiales-de-la-logia-el-rito-escoces-antiguo-y/page/2 (p.v.14-01-2019)

pude imaginar que él había estado tan implicado y que era un maestro masón. Supongo que era un acuerdo tácito de toda la familia y el miedo estaba latente, era inevitable.

Al día siguiente tuve que desplazarme al consulado para firmar una serie de documentos, entre ellos el permiso para que procedieran a pagar el entierro de Daniel, disponiendo del dinero de su cuenta bancaria. Menos mal que mi francés a nivel escrito era suficiente, pues nunca he querido firmar aquello que no hubiera leído y entendido.

En el consulado informé de que, como representante de los herederos, solo reclamaba el dinero de sus cuentas bancarias y, el día que procedieran judicialmente al cierre definitivo de su apartamento, sus pertenencias personales.

Una representante del consulado nos acompañó de nuevo a Quai de Valmy y allí tomó nota de todo lo que pertenecía a Daniel. Nos informó de que, como en Francia las parejas de hecho se consideraban con los mismos derechos que los matrimonios legalmente establecidos, al tener un hijo Lucienne podía darse el caso de que reclamara también algún derecho sobre el dinero de Daniel. Angelita le entregó el juego de llaves que obraba en su poder y se cerró la puerta de una vida y de una historia.

Comimos en un pequeño restaurante cerca del Centro Pompidou, que yo no conocía, y por la tarde nos relajamos visitando el museo. Habían sido días intensos de emociones y decisiones. Ella me habló de sus hijos, mujer y hombre, ambos casados, con hijos y trabajando. Franceses de nacimiento y corazón. Alejandro y Angelita, desde 1978, viajaban todos los veranos a España, alquilaban un apartamento en Madrid y desde allí hacían turismo y visitaban a toda la familia. Los hijos alguna vez les acompañaban. Una curiosidad que me contaron es que en su primer viaje no reconocían a sus compatriotas. Su recuerdo del español como raza era el de hombres y mujeres bajos, enjutos y de aspecto renegrido y se habían encontrado chicos y chicas altos, guapos y totalmente europeos. Desde 1960 en España ya se comía bien y eso se notaba en la nueva juventud. Mi tío, a raíz de la pérdida de su pierna y su enclaustramiento, nunca pudo volver.

Cenamos con Alejandro. Al día siguiente por la mañana yo ya iba a coger el avión que me llevaba de regreso a la cotidianidad y al calor de mi hogar y mi familia. Aunque mis anfitriones eran unas personas encantadoras, acogedoras y amables, habían sido muchas emociones seguidas y yo deseaba volver con los míos.

Alejandro me siguió contando muchas cosas. Me comentó que durante la guerra y en la posguerra se habían fusilado a 40.000 hombres acusados de comunismo y masonería (contubernio judeomasónico) y realmente solo se tenía constancia de que aproximadamente había 6.000 masones en España y que jamás fueron comunistas. De hecho, precisamente en Rusia también se les perseguía. En realidad, en todas las dictaduras, ya que lo que les caracterizaba era el libre pensamiento. También me habló de la República, de sus enemigos políticos y las dificultades con las que se encontró. España era el único país del mundo donde se había creado un tribunal para la represión de la masonería.

Hay que intentar entender lo que significaba la masonería en aquella época. Alejandro a los veintiocho años de edad ya había estudiado dos carreras: Ingeniería Industrial y Derecho. El abuelo tenía un montón de estudios en su haber. Ser un hombre culto y con aspiraciones a una espiritualidad diferente a la puramente implantada por la religión católica y ser un hombre con voluntad de cambiar la sociedad trasnochada y paralizada era el equivalente a ser masón. Los masones representaban la modernidad en aquellos momentos, la aspiración de personas comprometidas con su tiempo.

Al parecer, el abuelo decidió trasladarse a Pau y posteriormente a Toulouse para poder seguir ayudando a los refugiados. Esperó a que la abuela decidiera regresar a España para no dejarla sola ni someterla a más cambios. Allí colaboraba con una logia, que los alemanes destruyeron y de la que no ha quedado ni un solo documento ni vestigio alguno.

Cuando tomé la decisión de escribir este libro solicité información y obtuve algunos documentos muy interesantes. Fue duro enterarme de que el abuelo había sido condenado a veinte años y un día de prisión por su pertenencia a la masonería y fue más duro cuando llegaron las copias de dichos documentos a mi poder.

195 - 26 - 32854

Modelo núm. 10.

MASONERÍA UNIVERSAL   FAMILIA ESPAÑOLA

ENTRADA
- 7 NOV. 1922
N.º 36089

A L.·. G.·. D.·. G.·. A.·. D.·. U.·.

LIBERTAD, IGUALDAD, FRATERNIDAD

La Resp.·. Log.·. _Ibérica_ núm. _7_ de la Federación del Gr.·. Or.·. Español,

AL GR. CONSEJO DE LA ORDEN

ENVÍA

S.·. F.·. U.·.

Ilust.·. Gr.·. Maest.·. y VVen.·. HH.·. CCons.·.:

Cúmplenos poner en vuestro conocimiento que el día _5_ de _Octubre_ de _1912_, previas las formalidades de Rito, se procedió á la iniciación del prof.·. _Jacobo Orellana Garrido_ (1), quien adoptó el nomb.·. simb.·. de _Seguín_ cuyas generales son las siguientes: Nació el día _8_ de _Mayo_ de _1871_ en _Antequera_ provincia de _Málaga_ estado _Casado_ profesión _Maestro de sordomudos_ y reside en _Madrid_ calle de _Amaniel_ núm. _21_, para cuyo h.·. os rogamos nos enviéis el certificado y el material correspondiente á su grado.

VVall.·. de _Madrid_ á _30_ de _11_ de 1912 (e.·. v.·.)

Recibid, Ilust.·. Gr.·. Maest.·. y VVen.·. HH.·. CCons.·., el saludo frat.·. y el ósc.·. de paz.

EL VEN.·. MAEST.·.,   EL SECRET.·.,

(1) Consígnense los apellidos paterno y materno.

Documento que atestigua su iniciación como masón e
incorporación a la Logia Ibérica n° 7

195-26-32855

A L.·. G.·. D.·. G.·. A.·. D.·. U.·.

LIBERTAD · IGUALDAD · FRATERNIDAD

GRAN LOGIA ESPAÑOLA

MIEMBRO FUNDADOR DE LA ASOCIACIÓN
MASÓNICA INTERNACIONAL

OR.·. DE MADRID 9 de noviembre de 1934.

GRAN SECRETARÍA

Sr. D. Bartolomé Pajares.

Imprenta "La Iberia"

Larache.

Querido h.·.: Perdone que me tome la libertad de dirigirle la presenta, con la cual va mi saludo fraternal y mi ofrecimiento como Director del Colegio Nacional de Sordomudos de Madrid.

En esa población ejerce el cargo de Maestra del Grupo Escolar Hispano-Israelita, la Srta. Raquel Abudárham Bentolila, a quien tuve el honor de conocer y de tratar el verano último en Santoña (Santander) donde asistió como alumna a un Curso de Información sobre la enseñanza de los sordomudos, que realicé en aquella villa, en unión de otros colegas franceses y portugueses.

La citada Srta. se distinguió, de un modo brillante, por su inteligencia, por su aplicación y sobre todo por su espíritu delicado y noble. Aspira a propagar en Marruecos la enseñanza de los sordomudos, hoy abandonados a su suerte, sin escuelas donde aprender, y a que se creen en las poblaciones del protectorado, sobre todo en esa población y en Tetuán, escuelas o secciones para sordomudos agregadas a los actuales grupos escolares.

También aspira la citada Srta. a poder venir a Madrid a terminar en el Curso Oficial, la preparación para el profesorado especial que comenzó en el Curso de Santoña. Esto sería necesario que lo consiguiese sin perder el cargo ni el sueldo durante el tiempo que estuviese en Madrid.

No sé si V. y los hermanos de esa tendrán las suficientes influencias para conseguir de esas autoridades lo que indico anteriormente. Si así fuera les ruego que interpongan todo su valimiento en favor de lo que les pido.

Por último, me permito rogarle que visite en mi nombre a la citada Srta. y le manifieste el interés que pongo en este asunto y que tenga la bondad de contestarme con sus impresiones.

No he de decirle que quedo a la recíproca para cuanto se le ocurra así como a los hermanos de esa, a quienes ruego salude de mi parte.

En la Logia Charitas que presido y en la vida profana, puede mandar a su atento h.·. y s. s. q. e. s. m.

Jacobo Orellana

s/c. Zurbano 85.- 2º.- B.

Carta dirigida a don Bartolomé Pajares, venerable masón en Larache

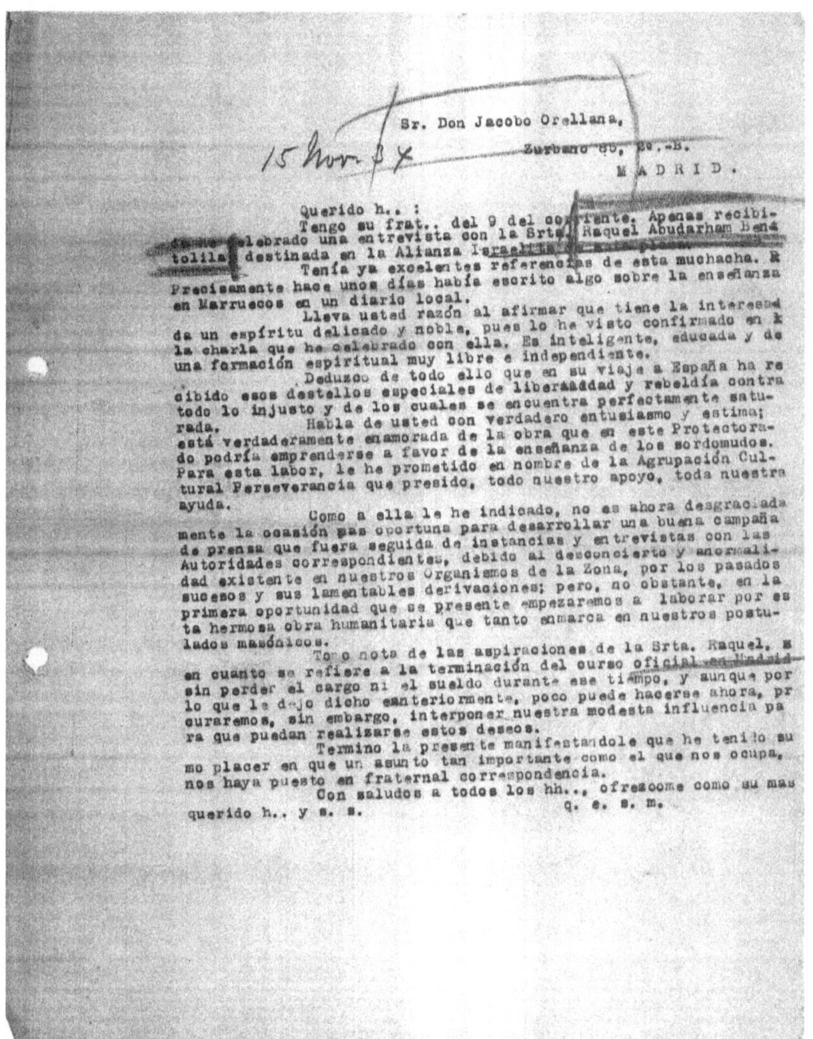

Sr. Don Jacobo Orellana,

15 nov. 5 X   Zurbano 80, 2º.-B.

MADRID.

Querido h.. :

Tengo su frat.. del 9 del corriente. Apenas recibido me celebrado una entrevista con la Srta. Raquel Abudarham Bená
tolila destinada en la Alianza Israelita de esta plaza.

Tenía ya excelentes referencias de esta muchacha. R
Precisamente hace unos días había escrito algo sobre la enseñanza
en Marruecos en un diario local.

Lleva usted razón al afirmar que tiene la interesa
da un espíritu delicado y noble, pues lo he visto confirmado en k
la charla que he celebrado con ella. Es inteligente, educada y de
una formación espiritual muy libre e independiente.

Deduzco de todo ello que en su viaje a España ha re
cibido esos destellos especiales de liberaddad y rebeldía contra
todo lo injusto y de los cuales se encuentra perfectamente satu-
rada.   Habla de usted con verdadero entusiasmo y estima;
está verdaderamente enamorada de la obra que en este Protectorado podría emprenderse a favor de la enseñanza de los sordomudos.
Para esta labor, le he prometido en nombre de la Agrupación Cultural Perseverancia que presido, todo nuestro apoyo, toda nuestra
ayuda.

Como a ella le he indicado, no es ahora desgraciada
mente la ocasión mas oportuna para desarrollar una buena campaña
de prensa que fuera seguida de instancias y entrevistas con las
Autoridades correspondientes, debido al desconcierto y anormali-
dad existente en nuestros Organismos de la Zona, por los pasados
sucesos y sus lamentables derivaciones; pero, no obstante, en la
primera oportunidad que se presente empezaremos a laborar por es
ta hermosa obra humanitaria que tanto enmarca en nuestros postu-
lados masónicos.

Tomo nota de las aspiraciones de la Srta. Raquel, m
en cuanto se refiere a la terminación del curso oficial en Madrid
sin perder el cargo ni el sueldo durante ese tiempo, y aunque por
lo que le dejo dicho eanteriormente, poco puede hacerse ahora, pr
curaremos, sin embargo, interponer nuestra modesta influencia pa
ra que puedan realizarse estos deseos.

Termino la presente manifestandole que he tenido su
mo placer en que un asunto tan importante como el que nos ocupa,
nos haya puesto en fraternal correspondencia.

Con saludos a todos los hh... ofrezcome como su mas
querido h.. y s. s.   q. e. s. m.

Respuesta de don Bartolomé Pajares

PROFESOR JACOBO ORELLANA GARRIDO
DEL COLEGIO NACIONAL DE SORDOMUDOS

CORRECCIÓN DE LA TARTAMUDEZ
Y DEMÁS PERTURBACIONES DE LA PALABRA

Zurbano 85 - 2º B.		MADRID

13 junio 1933

Excmo. Sr. D. Francisco Barnés
Ministro de Instrucción Pública.

Mi respetable y querido jefe y amigo: No quiero que mi felicitación, efusiva, sea de las últimas.

Pocas veces llega a ese puesto un hombre con tantos méritos y con tan universales simpatías como V. La Instrucción Pública está de enhorabuena; y cuantos de cerca hemos podido apreciar su valía, estamos satisfechísimos.

Que todos sus actos se cuenten por éxitos le desea este antiguo y modesto amigo, que se le ofrece incondicionalmente y le e. l. m.

Jacobo Orellana

Carta dirigida a don Francisco J. Barnés, ministro de
Instrucción Pública y Bellas Artes

En el escrito dirigido a don Bartolomé Pajares el tratamiento es de hermano y aparecen los tres puntos que los distinguen como masones.

Todas estas cartas figuran en el expediente del tribunal como pruebas de su pertenencia a la masonería.

Se le acusó como masón con pruebas concluyentes y, asimismo, de socialista y delator. De esto último no presentan ninguna prueba que lo pueda confirmar. Era socialista de convicción, pero no pertenecía al partido y dudo mucho que fuera delator. Sus únicos intereses estuvieron siempre centrados en la enseñanza y en colaborar en la construcción de una España moderna y rica en todos los sentidos.

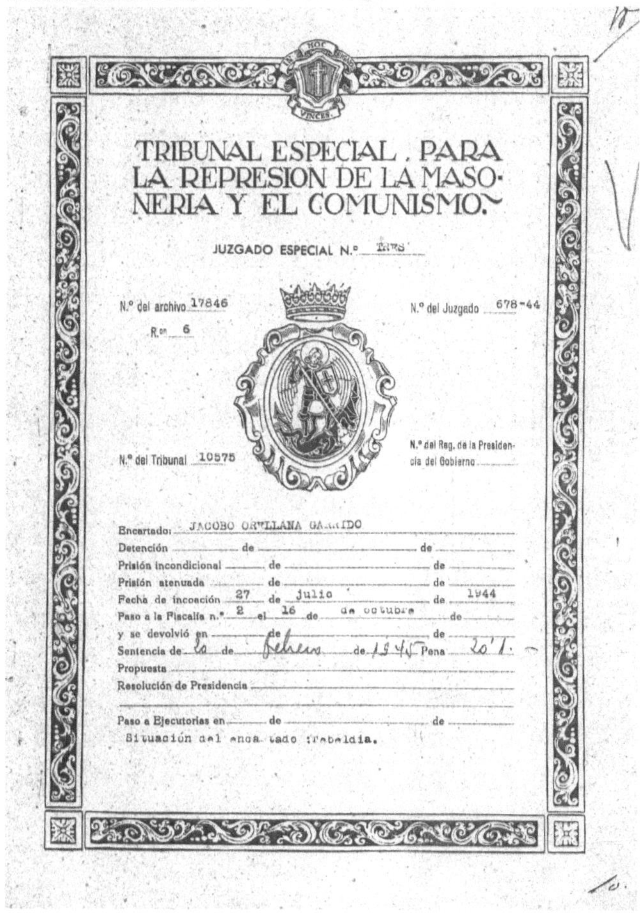

Sentencia condenatoria a veinte años y un día. Lo indican con 20,1

El nombre simbólico del abuelo al hacerse masón fue Séguin. Es posible que eligiera ese nombre en memoria de Édouard Séguin, un médico que trabajó con niños mentalmente discapacitados en Francia y Estados Unidos (Clamecy, Francia, 20 de enero de 1812-Nueva York, 28 de octubre de 1880). En 1846 escribió que este tipo de niños «tienen impedido el movimiento, la sensibilidad, la percepción y el razonamiento, la afectividad y la voluntad. La única manera de remediarlo es mediante la educación». Su método consistía en «conducir al niño», en «llevar al niño» de la mano en la educación del sistema muscular y nervioso. Ese mismo año publicó *Traitement moral, hygiène et éducation des idiots* (París), un grueso volumen de 734 páginas. En 1847 publicó *Jacob-Rodrigues Pereire, premier instituteur des sourds et muets en France (1744-1780)*, judío que procedía de Extremadura.

Séguin concedía suma importancia a la imitación, a las actividades de juego y a las oportunidades de ensayar y experimentar lo que se había aprendido; todo con la intención de despertar la capacidad de conocer las cosas y acercarlas, lo que, según él, permitía además el desarrollo de la voluntad. En 1873 formó parte de la comisión americana presente en la Exposición Universal de Viena. Fue presidente de la Association of Medical Officers of American Institutions for Idiotic and Feebleminded Persons, que más tarde se convirtió en la American Association on Mental Retardation.

Sus trabajos inspiraron a la pedagoga italiana Maria Montessori (1870-1952), que llegó a ser más famosa que él.[25]

En sus años de masón en España, el abuelo llegó a alcanzar el grado masónico 18 (Soberano Príncipe Rosa Cruz). A continuación hago un pequeño resumen del significado del mismo, según el Rito Escocés Antiguo y Aceptado (Grado 18º R∴ E∴ A∴ A∴).

«Soberano Príncipe Rosa Cruz.

El grado de Rosa Cruz enseña tres cosas: la unidad, la inmutabilidad y la bondad de Dios; la inmortalidad del alma y la derrota final y extinción de lo malo e incorrecto y del dolor, por un Redentor o Mesías, todavía por venir, si aún no ha aparecido.

Este grado enlaza a la Orden Masónica con la Fraternidad de los Hermanos de la Rosacruz, los mismos que publicaron en 1614 la *Fama Fraternitatis* y en 1615 la *Confessio Fraternitatis*. La simbología de este grado es cristocéntrica y apunta a la cristificación, es decir, a tomar a Cristo como modelo arquetípico, el iniciado perfecto.

Cada masón aplica a su propia fe y credo, los símbolos y ceremonias de este Grado, como le parezca a él apropiado. Como la leyenda del Maestro Hiram, en la cual algunos ven

---

25 https://historiadelamedicina.wordpress.com/2015/01/20/edouard-seguin-1812-1880-y-la-ensenanza-de-los-ninos-con-retraso-mental/ (p.v.24/09/2019).

los sufrimientos y la condenación de Cristo; otros los del desafortunado Gran Maestro de los templarios; otros los de Prometeo en su roca; otros ven a los cristianos en el circo de la Roma pagana; y aún otros, la poniente anual del sol en el solsticio de invierno a las regiones de obscuridad, la base de muchas antiguas leyendas; de modo que las ceremonias de este grado reciben diversas explicaciones; cada uno interpretándolas para sí, y sin ofenderse por la interpretación de ningún otro.

De ninguna otra manera podría la Masonería poseer su carácter de Universalidad; ese carácter que siempre ha sido peculiar a ella desde su origen; y que permite a dos Reyes, que oraban a Dioses distintos, sentarse juntos como Maestros, mientras las paredes del Primer Templo se elevaban; y permite a los hombres de Gebal, haciendo reverencia a los Dioses Fenicios, trabajar junto a los Hebreos, a quienes esos Dioses eran la abominación; y sentarse con ellos en la misma Logia como hermanos».[26]

El abuelo pertenecía a tres logias: Ibérica n° 7, Mantua n° 31 y Charitas, todas de Madrid. La fecha de iniciación fue el 5 de octubre de 1922.

El año 1922 fue crucial para él: se hizo socio del Ateneo y entró en la Logia Ibérica. Sus intereses por evolucionar en todos los aspectos quedaron constatados en ese año. Ni que decir tiene que también viajó al extranjero en su labor constante por aprender y

---

26 https://eruizf.com/masonico/ritos/reaa/18_grado.html (p.v. 15-01-2019).

aplicar nuevos sistemas en el Colegio de Sordomudos. Su actividad, al parecer, era incesante.

En los tiempos de la República desempeñó los siguientes cargos: Maestro de Banquetes en la Logia Mantua nº 31 de los valles de Madrid y Venerable Maestro con el grado 18 de la Logia Charitas de los valles de Madrid.

El Maestro de Banquetes desempeña una serie de funciones que detallo a continuación:

«En primer lugar, es el experto de los trabajos de mesa (las tenidas de masticación). Su joya es el cuerno de la abundancia situado dentro de un compás abierto.

Le corresponde velar por que los rituales de mesa se desarrollen adecuadamente. Cuando los ágapes se llevan a cabo sin ritual, vela por que cada uno esté en su sitio: el Venerable en el centro y los Vigilantes a la cabeza de sus correspondientes columnas.

De acuerdo con una tradición que nos viene de las logias militares, el Maestro de Banquetes también recibe el nombre de Artillero o Cañonero. Los brindis con "cañonazos" y dicho término no son totalmente desconocidos en el mundo profano. El Artillero, Maestro de Banquetes, vela por que los hermanos beban a gusto pero sin excesos...

En las *Constituciones de Anderson* se precisa que es obligatorio realizar un "banquete" después de cada Tenida y que dicho banquete no debe degenerar en orgía. Es conveniente que a manteles se pongan en práctica las enseñanzas de la "vía del medio". Hay que evitar tanto la frugalidad insípida, poco propicia para la alegría, como los festines desbordados y demasiado generosos en bebidas espirituosas, que favorecen la regresión de las capacidades mentales. Los ágapes deben ser agradables y buenos, suficientes y variados, equilibrados y sanos. Dichas cualidades deberán caracterizar también los intercambios, la conversación y el ambiente.

En los ritos francés y escocés se practica el "banquete de orden", estrictamente reservado para los hermanos. La mesa está dispuesta en forma de arco circular y está prohibido hablar en voz alta y fumar.

El servicio de la mesa es atendido por los aprendices. Estas ceremonias han conservado un ritual bastante peculiar, heredado de las logias militares del Antiguo Régimen.

En esos "trabajos de masticación" o "trabajos de mesa" (o Tenidas a Manteles), los comensales se colocan "al orden de mesa", colocando las manos sobre la mesa y la servilleta sobre el hombro. La Cadena de Unión se efectúa uniendo las servilletas.

El vocabulario es muy divertido por su encanto arcaizante. Las Tenidas de banquete tienen, en efecto, su vocabulario especial: la barrica es la botella; el cañón, la copa o vaso; la pólvora roja, el vino; la pólvora blanca, el agua; los materiales, los alimentos; la espada, el cuchillo; el tridente, el tenedor; la llana, la cuchara; la arena blanca, la sal; la bandera, la servilleta; las tejas, los platos; la piedra bruta, el pan; etc.

Albert Lantoine consideraba este vocabulario como "grotesco y de ninguna manera iniciático", lo cual nos parece totalmente cierto. No obstante, la fantasía es indispensable para la vida y estas costumbres suscitan el buen ambiente y lo orientan hacia un sentido del humor de buena ley. A este respecto nos parece absolutamente indispensable insistir en una norma que podríamos erigir, con toda legitimidad, en *landmark* fundamental de los hombres libres: jamás debemos tomarnos demasiado en serio. La risa es sana y noble, inclusive si se alimenta de cuando en cuando con elementos bastante burdos. El francmasón que no ríe y que no sabe burlarse de sí mismo no puede progresar. Se encuentra anquilosado, osificado, mutilado, y por ese mismo hecho se hace negativo para sí mismo y para los demás.

Después de una buena Tenida se necesita una buena relajación. Es una norma elemental del Arte de Vivir y, por consiguiente, del Arte Regio».[27]

---

27 https://www.masoneriadelmundo.com/2017/12/el-maestro-de-banquetes.html (p.v.15-01-2019).

Al abuelo ese puesto le iba de maravilla. Siempre fue de buen comer y buen beber; disfrutaba muchísimo de la buena mesa.

He leído algunos libros para tratar de entender lo que significaba la masonería en aquella época. Es evidente que sus ideas eran, a su manera, revolucionarias, pues aportaban una forma de ver la vida con valores democráticos y modernos. Una modernidad que no existía en España y que trataba de instaurarse a través de la República. José Antonio Ferrer Benimeli, en el epílogo del libro *La masonería abre sus puertas*, hace un resumen muy interesante:

«La francmasonería es un movimiento del espíritu, dentro del cual tienen cabida todas las tendencias y convicciones favorables al mejoramiento moral y material del género humano. La francmasonería no se hace órgano de ninguna tendencia política o social determinada. Su misión es la de estudiar desinteresadamente todos los problemas que conciernen a la vida de la humanidad para hacer su vida más fraternal.

La francmasonería declara reconocer, por base de su trabajo, un principio superior e ideal, el cual es generalmente conocido por la denominación de Gran Arquitecto del Universo. No recomienda ni combate ninguna convicción religiosa y añade que ni puede, ni debe, ni quiere poner límites, con afirmaciones dogmáticas sobre la Causa Suprema, a las posibilidades de libre investigación de la verdad. Exige a sus afiliados el mínimo despertar del espíritu producido por la inquietud, eterna en el hombre, de investigar, para procurar comprenderla, esa Causa Suprema, y por ello declara que no pueden pertenecer a la Institución los espíritus adormecidos que no sientan tal inquietud. El respeto de la francmasonería a todas las opiniones y organizaciones religiosas no alcanza, sin embargo, a las exenciones, prerrogativas y privilegios que reclaman y exigen para su existencia las religiones. Pues que todas son para la francmasonería igualmente respetables, la francmasonería no reconoce la necesidad de que una o alguna de ellas disfrute preeminencias y derechos que no reconocen a las demás. En este concepto, la francmasonería exige e impone a cuantos la profesan la más completa y verdadera tolerancia. El que no se sienta con la serenidad de ánimo suficiente para poder ser del todo tolerante con todas las creencias y con todas las opiniones honradamente profesadas.

La francmasonería acata las instituciones legítimas que existan y puedan existir en su país. Y declara por último que es tarea primordial, a la que dedica sus actividades, la de trabajar por la paz de los pueblos, y que condena todo procedimiento de fuerza encaminado a producir la guerra entre ellos.

La masonería —se puede decir a modo de conclusión— no es ese mito maniqueo donde los unos solo ven maldad, intriga, contubernio, y los otros a la preclara responsable de todo lo bueno —progresivamente hablando— que ha sucedido en el mundo en los últimos tres siglos. La masonería tiene ideales elevados y a ella han pertenecido hombres célebres e importantes. La masonería se presenta como una asociación legítima y respetable, que no merece la hostilidad de que ha sido objeto a lo largo de su historia, si bien a veces ha contribuido a suscitarla. Desde su fundación en 1717, en cada generación ha atraído a hombres y mujeres que buscaban un sentido de la vida y que deseaban un mundo mejor y más hermoso. El reverso de la medalla radica no solamente en el abismo entre realidad e ideal, sino, sobre todo, en la aplicación del propio proyecto o utopía masónica, que, en la práctica —como en toda sociedad humana— no siempre se ajusta a los fines propuestos».[28]

Una vez en casa y pasados unos días, comenzó la ardua tarea de iniciar los trámites para realizar la declaración de herederos. Gracias a ese trabajo, en el que me ayudó muchísimo mi marido, cuento en estos momentos con una preciosísima documentación que me ha facilitado mucho la labor.

Me había impresionado todo lo que me relató Alejandro. Daniel, el último hijo de mis abuelos que había permanecido vivo hasta entonces, quedaba allí, en París, en un otoño gris y lluvioso. Atrás, toda una vida intensa. Compartí muchas cosas de esta historia con mi familia; sin embargo, han tenido que transcurrir muchos años para que vea la luz.

---

28 Epílogo de José Antonio Ferrer Benimeli del libro *La masonería abre sus puertas. Instituto Masónico de España*. Ed. Atanor (pág. 232). Editado en Madrid el 1-1-2012.

Epílogo

Jacobo Orellana fue una persona con un recorrido de una fidelidad absoluta hacia sí mismo. Desde muy joven intervenía como pacificador en las reyertas de los gitanos y les quería, se sentía a gusto con ellos. Siempre estuvo pendiente de los débiles, bien por su situación económica o por deficiencias físicas. En todo momento tuvo muy claro cuáles eran sus objetivos. Encontró una esposa que durante muchos años le acompañó y apoyó. Hablaba de ella con muchísimo respeto y admiración y si he podido escribir esta historia es gracias a todo lo que él me relató.

Maestro de profesión, una vez que contrajo matrimonio se sacó el título de bachiller, seguido de su aprendizaje de idiomas, que iba compaginando con estudios de Pedagogía y Psicología. En 1913, cuando su historial profesional era lo suficientemente rico —en cuanto a los conocimientos adquiridos en España se refiere—, inició sus estudios en el extranjero. Se trataba de una vida programada, con una meta muy clara desde el principio.

En 1922, con 51 años de edad —una vez que su valía ya era muy reconocida en el ámbito de la educación—, ingresa en la masonería y se hace socio del Ateneo. Desde ese momento su preocupación por la educación se alterna con inquietudes espirituales y políticas.

En colaboración con Carmen, su esposa, educan a sus cuatro hijos, preocupados por su enriquecimiento intelectual y espiritual en todos los aspectos. De ahí el recuerdo que yo poseo de mi padre, lleno de respeto, cariño y admiración y al que debo tantísimo.

Fue un hombre de un carácter lleno de determinación y fuerza, que no dudó en ir a rescatar de la guerra de Marruecos a su hijo mayor, Jacobo, y, posteriormente, a Daniel del campo de internamiento de Drancy. Se puede decir que les salvó la vida a ambos.

En 1941, cuando cuenta setenta años, se traslada a Pau para colaborar con la resistencia y para auxiliar a los refugiados. De regreso de nuevo a París, en 1945 contribuye a la fundación de la Logia España 692. Contaba 74 años de edad.

Siempre estuvo trabajando «ante el silencio y la oscuridad», el silencio de los sordos y la oscuridad de los ciegos. Ya en el exilio, siguió trabajando para ayudar a aquellos a los que habían silenciado y contra aquellos que habían llenado el mundo de oscuridad.

No puedo evitar sentir una admiración profunda por él. No me sirve el homenaje que le hicieron al llegar a Barcelona y, al año siguiente, en Madrid; en esos homenajes solo se resaltaba su labor pedagógica. Mi admiración la hago extensiva a toda una vida de trabajo, seriedad y constancia. Asimismo, mi respeto hacia la abuela, que hizo posible que su familia creciera y se desarrollara, llevando sobre sus hombros la responsabilidad en el tema de educación y valores. También llevó sobre sí el peso de la economía doméstica durante bastantes años.

Personas como ellos son las que hacen sentirse orgulloso de ser un ser humano. La gran tristeza es que damos un paso hacia adelante en valores y calidad de vida y volvemos a retroceder rápidamente; desgraciadamente, la historia se escribe así.

Como muchos otros en su época, colaboraron con su trabajo y sacrificio a que España pudiera mejorar a través de la educación. Jacobo solo pensaba en sus alumnos sordomudos y ciegos. Cuando los proveedores de los colegios le hacían regalos por Navidad los repartía con los niños. Su entrega al trabajo era total; mi abuela había criado a sus hijos prácticamente sola.

Para mí la educación siempre ha representado el valor fundamental de un país. Me remonto a la Institución Libre de Enseñanza y lamento muchísimo que un proyecto tan ambicioso se destruyera después de la guerra.

Mi abuela dedicó asimismo su vida a la enseñanza. Colaboró con su sacrificio a que el abuelo pudiera traer a España los métodos más innovadores y tuvieron ambos que huir de su país como si fueran malhechores, sufriendo el destierro y la pobreza —pobreza en la que vivieron mis padres y mis tíos durante años—, añadiendo la enfermedad psicológica de mi madre, producida por los sufrimientos y la dureza de la guerra, que la hizo desgraciada toda su vida.

Deseo constatar mi sentimiento hacia mis tíos Leandro y Daniel, que murieron en el exilio y que por sus circunstancias personales y por la muerte prematura de Leandro ya no pudieron regresar nunca a su país.

Quisiera con esta historia contribuir a que se aumente la conciencia de lo que representan las guerras y los totalitarismos en el mundo. Es muy triste ver cómo aquello que ha costado muchos años y grandes esfuerzos construir se destruye de forma rápida y salvaje.

Asimismo, mi recuerdo a todos los que tuvieron que salir de España y pasar por los campos de refugiados, perder sus raíces y a sus seres queridos y vivir llenos de angustia y sufrimiento, maltratados, desnutridos, en algunos casos esclavizados, sin ser considerados seres humanos. A los que murieron allí en total soledad. Lo equiparo en la actualidad a los campos donde se encuentran aquellos que han huido de Siria y de otras guerras en África. A los que asesinaron después del «paseíllo» y todavía se encuentran en fosas comunes o enterrados en cunetas.

Las guerras son el gran fracaso de los hombres y de sus representantes políticos. En el caso de España, por añadidura, tuvimos un golpe de Estado militar, que hizo retroceder y perder una gran riqueza intelectual que estaba aportando mucho al país, a lo que hay que sumar toda la destrucción, las muertes y el inmenso dolor que estas produjeron, las represalias, la persecución y muerte en muchos casos de los vencidos, el hambre, la tuberculosis en las cárceles por las malas condiciones de estas y, por último, la división de los españoles. Las guerras entre hermanos son las más dolorosas y destructivas.

He disfrutado mucho —y a la vez he sufrido— mientras trabajaba en este proyecto de libro. Tengo la impresión de que la historia se repite una y otra vez. Ya lo dijo Winston Churchill: «Los pueblos que no conocen su historia están condenados a repetirla». Y no aprendemos: el gran dolor y destrucción que unos seres humanos pueden llegar a provocar, la falta de responsabilidad de muchos políticos tóxicos, cuyas intenciones están muy lejos de ser honestas y que pierden el objetivo de lo que debería ser su auténtico propósito, mejorar las condiciones de vida del ser humano. El deseo que mueve a muchos es acumular poder para ellos y sus respectivos partidos y, en algunos casos, riquezas.

En un principio pensé que este libro sería exclusivamente para la familia; sin embargo, al crecer en los últimos tiempos un interés muy necesario por la «memoria histórica» he pensado que, efectivamente, debería darse a conocer esta. Es una manera de honrar a mi familia y también de recordar y honrar a aquellos que, por diferentes circunstancias, se vieron perseguidos por sus ideas.

Solo puedo decir que está escrito con muchísimo cariño y que en la medida en la que se iba elaborando yo me iba sintiendo cada vez más implicada. Percibía que había una conexión muy fuerte con los míos. Tenía la sensación de que les pertenecía y que era capaz de entenderme un poco más a mí misma.

En todo el mundo vuelven a aparecer síntomas. Síntomas peligrosos, que podemos reconocer si estamos atentos, si sabemos escuchar y entender lo que antes ya ha ocurrido. Porque son diferentes personajes con las mismas intenciones. Espero que este pequeño relato, a la vez de ser un reconocimiento a la labor encomiable sobre todo de mi abuelo, ayude a alertarnos y nos dé pistas de las posibles soluciones.

El abuelo no seguía un orden cronológico, por fechas. Cada día recordaba un capítulo de su vida. He intentado ir relatando la historia como él lo hacía. Por mi parte, he tenido que ir documentándome (imposible recordar exactamente las fechas, nombres y datos). Lo importante es que sí recordaba todas sus vivencias. A partir de ahí he realizado mi trabajo de investigación.

Mi agradecimiento a mis amigos Manolo, Carlos y Julián por su gran ayuda y colaboración; al trabajo inestimable de Rosa Rius, cuya aportación al acabado final del libro ha sido importantísima; a mi amiga Macu y a Laura, mi hija, que me alentaron para que escribiera este libro, y a mi hijo Miguel, cuyas recomendaciones han sido muy valiosas.

En el momento de recibir las galeradas para su corrección hacía pocos días que mi amiga Macu había fallecido víctima del COVI 19. Una mujer tremendamente activa, de una energía sorprendente y relativamente joven. Fue el motor que me ayudó a impulsar esta historia. En ella hablo de lo terrible que fue para el mundo la Gripe Española de 1918, imposible dejar de comentar la tristeza que me ha producido su muerte.